山东省博物馆青少年教育项目库

王斌 主编

山东教育出版社

图书在版编目（CIP）数据

山东省博物馆青少年教育项目库 / 王斌主编. —济南：山东教育出版社，2018

ISBN 978-7-5701-0194-8

Ⅰ.①山… Ⅱ.①王… Ⅲ.①博物馆—青少年教育—概况 Ⅳ.①G775

中国版本图书馆CIP数据核字（2018）第045357号

山东省博物馆青少年教育项目库

王斌　主编

主　管：山东出版传媒股份有限公司

出版者：山东教育出版社

　　　　（济南市纬一路321号　邮编：250001）

电　话：（0531）82092664　传真：（0531）82092625

网　址：www.sjs.com.cn

发行者：山东教育出版社

印　刷：山东新华印务有限责任公司

版　次：2018年3月第1版第1次印刷

规　格：710mm×1000mm　1/16

印　张：8.75

印　数：1-3000

字　数：175千字

书　号：ISBN 978-7-5701-0194-8

定　价：36.00元

（如印装质量有问题，请与印刷厂联系调换）
印厂电话：0531-82079130

目录

1

博物馆里欢乐年
——历史教室传统文化教育项目

山东博物馆

一、活动主题

（一）活动背景

春节是中华民族集体的生日。在千百年的历史发展中，春节形成了一些较为固定的风俗习惯。它是中华民族集体潜意识的外化，是传统美德教化和规范的大课堂，也是人们交流信息、谋划未来的平台。传统节日凝结着中华民族的文化血脉和思想精华，是建设社会主义先进文化、培育和践行社会主义核心价值观的宝贵资源。山东作为儒家圣地，年俗活动源远流长、代代相传。忙年中的回顾与展望，祭祀中的责任与担当，拜年中的道德与伦理，闹年中的释放与希冀，每一个年俗事象无不张扬着民族的自豪、自尊、自爱、勤劳、忠孝等品质，无不散发出中华优秀传统文化的光芒。

习近平总书记强调："培育和弘扬社会主义核心价值观必须立足中华优秀传统文化。"中共中央办公厅印发的《关于培育和践行社会主义核心价值观的意见》指出，要重视民族传统节日的思想熏陶和文化教育功能，丰富民族传统节日的文化内涵，开展优秀传统文化教育普及活动，培育特色鲜明、气氛浓郁的节日文化。

山东博物馆作为山东省的文物收藏展示中心、博物馆社会教育推广中心，在充分利用馆藏年画等反映传统年俗文物的基础上，千方百计征集能够代表区域特色的民间传统工艺，积极探索民间传统工艺的博物馆化保护，创新和发展非物质文化遗产保护的"博物馆模式"。

山东博物馆在成功申报山东省省级财政专项彩票公益金项目的基础上，建设完成"山东民俗文化体验中心"和"山东传统文化体验中心"。依托该项目，山东博物馆致力于群众参与传统文化的深度与广度领域的研究，特别是在"推动中国春节成为国际性节日"的基础性实践研究领域积极开拓，充分发挥"山东博物馆效应"，将馆藏文物与民俗技艺相结合，与春节习俗相互动，让文物讲出年俗故事，让春节年味更浓。

（二）活动宗旨及意义

1. 活动的宗旨

"在年俗中品味历史，在体验中增长知识。"以山东博物馆丰富馆藏为实物凭借，以馆内基地传播和馆外文化推广为主要形式，以"体验式文化传承"为主导，面向大众，寓教于乐，集知识性、趣味性、公益性、参与性、体验性、开放性于一体。

2. 活动的意义

（1）增强民族凝聚力

春节这种强有力的载体，可勾起观众美丽的"故乡情"，丰富观众春节期间的文化生活。在博物馆里举办年俗活动，让无形的非物质文化有可欣赏、能触摸的物质载体，可抵御境外文化渗透，能让世界人民分享我们的快乐，认识文化生态多样性的重要，认识到中华民族传统文化的深厚与崇高。

（2）培育和践行社会主义核心价值观

山东博物馆将社会主义核心价值观融入春节系列群众文化活动当中，融入博物馆年俗活动的方方面面，将社会主义核心价值观与传统年俗相结合，使得社会主义核心价值观深入人心，融入大众生活。

（3）增强博物馆的文化传播力

博物馆在举办年俗活动中，可以搭借年俗活动强大的传播力和公众认可度，进一步巩固博物馆在人民群众心目中的文化地位，有效地将年俗活动中体现出来的物质性和非物质性文化要素有机地统一起来。博物馆通过年俗活动争取到观众宝贵的注意

青少年在山东博物馆欢度春节

力资源，并把注意力资源潜移默化地转移到对博物馆物质或非物质文化的展示、服务上，最终达到博物馆文化的有效传播，有助于发挥博物馆的公益性公共文化传播平台的作用，充分发挥博物馆"收藏记忆、传播文化、凝聚力量"的作用。

（4）有效发挥博物馆的社会教育功能

博物馆与年俗活动的良性互动，给公众带去了独具魅力的文化盛宴。它不仅大大拉近了观众与博物馆的距离，而且深化和提高了他们对节事尤其是传统节事的认识。博物馆里特殊的环境与文化氛围，搭建起了年俗参与者们学习、交流、传播的良好平台，其社会教育功能得到了最大的发挥。

（5）增强博物馆观众的忠诚度

年俗活动一般都具有庆典性质，具有雄厚的公众基础，公众的参与程度

比较广泛。年俗活动来源于公众生活，对公众有强大的吸引力和亲和力。博物馆举办年俗活动可以快速提升其知名度和美誉度，树立良好的文化形象，增强观众对博物馆的忠诚度。

二、活动组织

（一）组织单位

山东博物馆。

（二）活动宣传途径

1. 网站公布信息

在山东博物馆网站公布活动信息和报名信息。

2. 微信推广

利用山东博物馆官方微信和"品味山东博物馆"公共微信进行推广，并组织观众在"品味山东博物馆"公共微信上进行报名。

3. QQ群推广

在平时参加山东博物馆教育活动的交流群、山东博物馆志愿者服务群等QQ群中向山东博物馆的忠实观众推广。

4. 媒体宣传

通过山东电视台、山东广播电台、《济南时报》及《齐鲁晚报》等媒体做相关宣传。

2016山东博物馆里过大年活动拉开大幕

2016-02-01 10:23:00 来源: 大众网 作者: 刘小芳

　　大众网济南1月31日讯（记者 刘小芳）年，是中国人庆贺时间最长、仪式最为隆重、规模最为宏大的节日。一个"年"字，最集中地凸显了中国人对祖先的尊重和对礼仪的遵循，概括了中国人对乡土的依恋和对团圆的向往，体现了中国人对昨天的感恩和对明天的祝愿。山东博物馆作为中华文明的重要展示基地、齐鲁文化的地标，在农历丙申猴年的春节将为广大观众送上丰富的展览，并开展相关教育活动，拉开"山东博物馆里过大年"活动的大幕。

　　猴年春节乐融融，精彩展览看不停

　　一、《画说年俗——馆藏年画精品展》

　　"年"的最初含义来自农业生产，是谷物成熟的意思。在甲骨文和金文中"年"的字形都是人手持成熟谷穗的模样。每逢过年，山东人都要用色彩鲜艳、形象生动、形式多样的年画来装饰庭院居室，用它营造出热闹、喜庆的气氛，用它表达对美好生活的向往。年画是年俗文化的有机构成部分，是年俗文化的表现形式之一。展览精心挑选杨家埠、高密、平度、东昌府等山东各地的年画、画版一百余件。展品中洋溢着欢乐祥和的新春气氛，生动反映了齐鲁礼仪之邦的生活面貌和民众的思想观念，形象展示了富有齐鲁地域特色的民风民俗和人文精神！

　　展期：2016年1月31日开展

大众网对山东博物馆里过大年活动的报道

"山东博物馆里过大年"活动启动

赏民俗品年味·博物馆里过大年

写心愿赏民俗·博物馆里过大年

1 博物馆里欢乐年

中国网·东海资讯
jiangsu.china.com.cn

中国民族建筑研究会官网 古

首页 > 国内资讯 > 山东新闻 > 正文　　　　　　评论：我要评论

山东博物馆里过大年 体验年俗绝活儿受热捧

发布时间：2016-02-01 10:19:38　来源：中国山东网　作者：佚名　责任编辑：赵伟

中国山东网1月31日讯(记者 姜瑞丽)1月31日，小年前夕，在山东博物馆孔子学堂，来自潍坊杨家埠、潍坊高密、烟台栖霞、滨州惠民、菏泽曹县等地的手工艺人们，为观众现场展示了年画、巧饽饽、剪窗花、捏面人、扎灯笼等"年俗绝活儿"，青少年通过微信网上预约报名参加各项体验活动，亲身体验了"忙年"期间山东年俗的乐趣和风俗。

记者在山东博物馆孔子学堂里看到，古时甚至现在仍在使用的土炕、蒸饽饽的大锅、祈求平安的春联年画等等年俗元素受到小朋友的热捧，浓浓年味包围在观众身边。

据介绍，2015年，山东博物馆在山东省省级财政专项彩票公益金的支持下，在博物馆教育方面一直致力于群众参与传统文化的深度与广度领域的研究，特别是在"推动中国春节成为国际性节日"的基础性研究中做了大量的工作。

为了全面展示中国人在这近一个月的时间里庆祝新年、祭拜祖先的传统和风俗，山东博物馆的教育团队寻找省内古老乡村，探访那些还保留着传统年俗的工匠艺人，在农历腊月廿二，将他们集中邀请到山东博物馆。他们在山东博物馆的"齐鲁国学文化民俗艺术体验基地"为来博物馆过年的观众献上自己的新年祝福。

据悉，在2月2日(腊月廿四)至2月6日(腊月廿八)期间，山东博物馆每天都有一项"山东年俗"体验活动，观众可以关注"品味山东博物馆"官方微信平台进行预约报名，体味山东年俗。

上一页 1 2 3 4 5 6 7 8 下一页

---

sd中国山东网 图说　　图说山东　社会百态　体育娱乐　飞越齐鲁　赛事
china.com　　　　　时政聚焦　手机爱拍　畅游天下　摄影人　展讯

中国山东网 > 图说 > 图说山东

山东博物馆里过大年 体验年俗绝活儿受热捧

2016-01-31 19:07:40　来源：中国山东网　作者：姜瑞丽　　分享　扫描到手机

中国山东网1月31日讯(记者 姜瑞丽)1月31日，小年前夕，在山东博物馆孔子学堂，来自潍坊杨家埠、潍坊高密、烟台栖霞、滨州惠民、菏泽曹县等地的手工艺人们，为观众现场展示了年画、巧饽饽、剪窗花、捏面人、扎灯笼等"年俗绝活儿"，青少年通过微信网上预约报名参加各项体验活动，亲身体验了"忙年"期间山东年俗的乐趣和风俗。

记者在山东博物馆孔子学堂里看到，古时甚至现在仍在使用的土炕、蒸饽饽的大锅、祈求平安的春联年画等等年俗元素受到小朋友的热捧，浓浓年味包围在观众身边。

据介绍，2015年，山东博物馆在山东省省级财政专项彩票公益金的支持下，在博物馆教育方面一直致力于群众参与传统文化的深度与广度领域的研究，特别是在"推动中国春节成为国际性节日"的基础性研究中做了大量的工作。

为了全面展示中国人在这近一个月的时间里庆祝新年、祭拜祖先的传统和风俗，山东博物馆的教育团队寻找省内古老乡村，探访那些还保留着传统年俗的工匠艺人，在农历腊月廿二，将他们集中邀请到山东博物馆。他们在山东博物馆的"齐鲁国学文化民俗艺术体验基地"为来博物馆过年的观众献上自己的新年祝福。

据悉，在2月2日(腊月廿四)至2月6日(腊月廿八)期间，山东博物馆每天都有一项"山东年俗"体验活动，观众可以关注"品味山东博物馆"官方微信平台进行预约报名，体味山东年俗。

中国山东网等媒体对山东博物馆里过大年活动的报道

三、参与对象

山东当地观众以及春节期间来山东旅游的海内外游客，年龄不限。

四、活动时间

腊月初八至正月十六。

五、活动内容

（一）活动类别

体验类。

（二）活动目标

1. 学习目标

（1）通过参观《画说年俗——山东博物馆馆藏年画展》等相关展览和展品，了解中国春节尤其是山东春节的渊源和发展情况。

（2）通过在博物馆现场观看民俗艺人制作年画、编灯笼等，了解中国非物质文化遗产的传承与发展状况。

2. 情感、价值观目标

（1）通过了解中国春节尤其是山东春节的渊源和发展脉络，感受祖先的聪明才智，激发作为中国人的自豪感、幸福感。

（2）以年俗为突破口，感受中国人的价值观、世界观的表现形式，逐步培养社会主义核心价值观。

3. 发展目标

培养和提高立足当下传承和推广中国传统年俗的能力。

（三）活动准备

1. 召开专家论证会

山东地域广阔，历史悠久，素称"齐鲁之邦，礼仪之乡"。在文化特色上呈现出"东洋，中土，西古"的特色，即胶东沿海海洋文化的渔家风情，鲁中平原农耕文化的泥土气息，鲁西孔孟之乡深重传统的儒家风韵，尤其是年俗所表现出来的民俗事象，风格多种多样。山东博物馆邀请民俗专家进行可行性论证，专家们认真梳理中国年俗尤其是山东年俗的经典事象，遴选部分可以和山东博物馆馆藏文物相结合并能够体现山东博物馆特色的年俗事象，让观众在过年期间走进博物馆品年味、赏年俗，有效发挥博物馆的教育属性。

山东博物馆实地调研苇子灯笼制作

2. 开展实地调研

古时山东分为齐、鲁两国，山东年俗按照地域和历史的差别可以分为齐、鲁两种年俗，这两种年俗一直相对存在、互相影响而又自成风格。齐俗继承东夷文化传统，较少受宗周礼制的束缚，带有"商品经济"的色彩。鲁俗则试图用周礼来替代原有的文化传统，更带有"自然经济"的色彩。齐鲁年俗共同构筑了山东年俗的深厚的文化内涵，这些文化内涵隐藏在具体的年俗事象中。随着时代的发展，有些起源于农耕社会、具有乡土气息的年俗事象已经或者正在消亡，掌握并传承具有山东本地年俗技艺的村落或家庭越来越少。山东博物馆为让观众能在博物馆里体验到原汁原味的山东年俗事象，持续不断地开展乡土调查，先后派工作人员前往菏泽曹县、滨州惠民、潍坊寒亭、潍坊高密、烟台栖霞、济南商河等地，行程3000余千米，寻访年俗艺人，采集年俗事象，探寻年俗文化，将最具山东代表性的年俗事象原汁原味地移植到山东博物馆。

3. 建设场景式体验基地

情景模拟可以让观众如临其境。为突出博物馆里过大年的体验性，山东博物馆专门创建了山东民俗体验中心和山东传统文化体验中心，以生活为主线，再现农耕社会普通人家的院落场景，给观众"家"的感觉，让观众通过体验民俗事象品味年的真谛。

小朋友在民俗体验基地学习民俗知识

4. 邀请传统艺人

根据山东博物馆馆藏资源和活动安排情况，邀请年画制作、古琴演奏、胶东大饽饽制作、鼓子秧歌表演、传统灯笼制作、鸡毛掸子制作等艺人，来山东博物馆进行现场表演并讲授年俗文化知识。

苇子灯笼艺人现场制作演示

5. 活动物料准备

根据活动规模和预约人数情况，准备相关活动物料，检查活动场地安全情况，确定活动协助人员，统筹分工，协调演练。

（四）活动步骤

1. "欢天喜地辞旧岁"

以"五谷丰登兆瑞年——腊八粥制作"为开篇，邀请亲子家庭成员来博物馆，在制作腊八粥、腊八蒜的过程中感受腊八节的慈善性质和中国老百姓勤俭节约的传统美德。腊八蒜的制作标志着全年总结的开始，商家开始计算盈余，学生开始考试结业。"总结"成了腊八节的主题之一。

流动博物馆将年画制作带进乡村

为积极实施文化惠民工程、全力推动文化精准扶贫工作深入开展，我们着力开展"我们的中国梦"——文化进万家、文化科技卫生"三下乡"、"文化迎春，艺术为民"及"新春走基层"活动，广泛开展优秀民间文化艺术普及推广活动。为此，山东省文物局、山东博物馆在新春即将到来之际开展"流动博物馆——文化惠民菏泽行"活动。该活动以年俗文化为主题，从群众中来到群众中去，把文化的温暖带到人民群众身边，以高度的文化自信唱响主旋律、传播正能量，为人民群众提供更多更好的"文化年货"。

2. "忙忙碌碌迎新春"

从腊月廿三到除夕主要开展"春联好过年——文化惠民，春联赠送""蒸蒸日上的年味——胶东巧饽饽制作""金鸡起舞，年画送福——木版年画制作""接福纳祥——拓印'福'字""吉祥如'衣'——纸艺汉服制作""紫燕金鸡迎新春——剪窗花"等活动，最后以"总年结语——抄诵《论语》"活动收篇。年末岁尾，在山东博物馆抄写《论语》名句，在一撇一捺中审视自己一年来的工作、生活、学习，为新的一年助力加油。

木版年画艺人与参加活动的小观众

3. "热热闹闹过大年"

以"祈愿——抄诵《论语》"开篇，祈愿新的一年越来越好，先后开展"五彩缤纷年——绘制泥叫虎""财气临门——制作财神木版年画""'钺'来'钺'好——创意亚醜钺""金鸡到，苇灯俏——制作苇子灯笼"

五彩缤纷年——绘制泥叫虎

"团圆捏面人，祈福吉祥年——捏面人"等活动。为调动观众的积极性，举办"集思创古意——灯谜征集"和"文虎闹元宵——猜灯谜"活动。猜谜语是中国传统文化的一部分，而制作谜语有其固定的要求，融趣味性和文化性于一体。开展此项活动，可以让观众充分挖掘和运用山东历史、社会、人文、自然方面的文化元素或博物馆元素，倡导健康欢乐、幸福节俭的节庆风俗。灯谜中有文化，灯谜中有文物，灯谜中有回忆，灯谜能唤醒人们的记忆，灯谜能留住古老的习俗。

高山流水遇知音，一曲广陵散，再奏待何人？山东博物馆开展"礼乐咏春秋——古琴雅集"活动，邀请诸城派古琴传承人高培芬老师及其弟子向观众介绍关于古琴的基本常识和礼仪，引导观众体验古琴演奏乐趣。活动还邀请了全国八大古琴派系名家现场表演经典琴曲，与观众分享古琴之韵，为更多喜爱古琴的朋友提供一次认识古琴、亲触古琴的机

欢天喜地闹元宵

会。新春、古琴、雅句，成为观众年俗活动中一次美妙的体验。最后，在正月十六举办"照亮光明前程的祈愿——灯笼制作"活动。在山东有的地区有正月十六提灯开学之说，学生提着灯笼走进学堂，由老师为其点燃灯笼，寓意照亮前程。在开学之际，山东博物馆和观众一起制作灯笼，为广大观众照亮前程。

（五）活动实施

1. 五谷丰登兆瑞年——腊八粥制作

活动内容：腊八节，腊八粥，腊八蒜……腊月初八作为传统年俗中的重要节日，拉开了中国人辞旧岁迎新年的序幕，腊八过后就逐渐进入"新年"节奏。在2016年腊八节这一天，山东博物馆从做一碗纯正的"山东腊八粥"开始，和观众一起感受山东腊八节的年俗特色。

小朋友在民俗体验基地学习民俗知识

首先，博物馆教育人员向参与者讲授腊八节的来历及习俗；然后，博物馆教育人员指导参与者共同制作"山东腊八粥""山东腊八蒜"。

活动时间：腊月初八 14：00—15：00。

活动地点：四楼民俗体验区。

活动对象：7—14岁青少年，30人。

所需材料：玻璃罐30个，米醋20斤，碗30个，勺子30把，红枣、栗子、莲子、大米、薏米、百合、红豆、桂圆、核桃仁等腊八粥配料共6斤，剪刀30把，托盘2个。

2. 有春联好过年——文化惠民，春联赠送

活动内容：春联是新春的梦想，春联是一年的祈愿，春联有深意，贴春联也有讲究。山东博物馆书法专家现场为观众书写春联，赠送春联。观众在

导览服务台领取赠送券，有序领取春联。

活动时间：腊月廿三10：00—16：00。

活动地点：一楼礼仪大厅。

活动对象：来山东博物馆参观的观众，人数不限。

文化惠民，春联赠送

所需材料：春联纸4000副，墨汁6盒，毛笔16支，砚台16个。

3. 剪出的齐鲁年味——剪窗花

活动内容：剪窗花艺术源远流长，剪纸作品多姿多彩。可以把剪纸作为艺术品拿出来展览，更可以贴在窗户、门口进行点缀。贴窗花是古老的传统节日习俗。"祝您年年交好运！"这是我们过年常说的吉祥话，其实这跟传统艺术——剪纸有着很大的关系。"绞（jiǎo）"在山东话中就是"剪"的意思，红红的窗花贴在干净的窗户上，不仅烘托了喜庆的节日气氛，也集装饰性、欣赏性和实用性于一体。

志愿者讲授剪窗花知识

活动时间：腊月廿三10：00—11：00。

活动地点：山东博物馆一楼孔子学堂。

活动对象：每场20个亲子家庭（孩子年龄8—14岁），约满为止。

所需材料：红纸30张，剪刀20把，白纸25张，玻璃纸25张，相框20个。

4. 蒸蒸日上的年味——巧饽饽制作

活动内容：巧饽饽是胶东人家用来祭祀、观赏、食用和馈赠亲友的信物或标志。

首先，博物馆教育人员向参与者讲授山东巧饽饽制作的基本知识；然后，参与者在博物馆教育人员的指导下共同制作巧饽饽。

活动时间：腊月廿四9：30—12：00。

活动地点：山东博物馆四楼民俗体验区。

青少年体验巧饽饽制作

活动对象：7—14岁青少年，40人。

所需材料：面粉30斤，红枣4斤，面盆4个，压面机1台，盖垫6个，保鲜膜2卷。

5. 不贴年画不算过年——木版年画制作

活动内容：年画是"年"的象征，是反映中国民间社会生活的百科全书，可称为农耕时代农民墙上的"彩电"。每到农历新年，家家户户将彩画贴在门窗或室内墙壁上，以点缀节日年景，这些画就是我们今天所说的"民间年画"。山东杨家埠是中国木刻版画三大产地之一。年画是怎么制作的呢？又有怎样的故事呢？

博物馆教育人员先带领参与者参观年画展，讲授山东年画的基本知识，

品民俗，拓年画

然后指导大家共同制作年画。

活动时间：腊月廿五10：00—11：00。

活动地点：山东博物馆四楼民俗体验区。

活动对象：7—14岁青少年，每期40人。

所需材料：年画木版1套，白色宣纸50张，三青颜料10盒，拓印工具2套。

6. 接福纳祥——拓印"福"字

活动内容："接福纳新春，阖家喜洋洋。"过年贴"福"字、送"福"字意味着一年福气滚滚而来。山东博物馆组织大家亲手拓印属于自己的"福"字，贴门上，送他人，到处福气满满。

拓"福"迎新春

首先，博物馆教育人员向参与者讲授春节贴"福"字的来历；然后，博物馆教育人员指导大家共同拓印"福"字。

活动时间：腊月廿六10：00—11：00。

活动地点：山东博物馆一楼孔子学堂。

活动对象：7—14岁青少年，每期40人。

所需材料："福"字木版若干，红色宣纸50张，墨汁1瓶，拓印工具1套。

7. 吉祥如"衣"——纸艺汉服制作

活动内容："过新年，穿新衣"是喜庆节日中不可缺少的部分。山东博物馆将带您一起制作传统韵味和现代元素相结合的纸艺汉服，作为迎接春节的礼物。

首先，博物馆教育人员带领参与者参观馆藏服饰，讲授中国传统服饰的基本知识；然后，博物馆教育人员指导大家共同制作纸艺汉服。

吉祥如"衣"——纸艺汉服制作

活动时间：腊月廿七14：00—15：00。

活动地点：山东博物馆一楼孔子学堂。

活动对象：7—14岁青少年，30人。

所需材料：花纹纸30张，剪刀30把，彩色丝带60份，胶棒30只，彩色卡纸30张，彩笔15盒。

8.抄诵《论语》

活动内容：《论语》被誉为"东方圣经"，抄诵《论语》可以让人们获得大智慧。新春伊始，在孔子学堂抄写《论语》名句，审视自己一年来的工作、生活、学习情况，为新的一年助力加油。

首先，博物馆教育人员带领参与者一起朗诵《论语》名句；然后，博物馆教育人员指导大家进行《论语》名句描红。

活动时间：正月初三9：00—16：00。

活动地点：山东博物馆一楼孔子学堂。

活动对象：来山东博物馆参观的观众，人数不限。

所需材料：《论语》描红纸1000张，毛笔40支，镇纸40个，砚台40个，墨汁10瓶。

祈愿——抄诵《论语》

9.财气临门——制作财神木版年画

活动内容："初四迎财神，初五送穷日。"财神年画既是祈愿新的一年全家福气多多，又有财运亨通的寓意。汉族民间传说正月初五是财神的生日。

青少年展示年画制作体验成果

首先，博物馆教育人员向参与者讲授春节期间的习俗；然后，博物馆教育人员指导大家共同拓印财神年画。

活动时间：正月初四 10：00—15：00。

活动地点：山东博物馆一楼孔子学堂。

活动对象：来山东博物馆参观的观众，人数不限。

所需材料：年画木版1套，宣纸200张，三青颜料50盒，拓印工具2套。

10. 乡土"年"的色彩——手绘泥叫虎

活动内容：中国民间常以"虎"作为孩子的伴生物，有驱邪镇定及祝福平安之意。泥叫虎起源于明代万历初年，它会叫会动，还有祈福的美好寓意。

小朋友在绘泥虎

首先，博物馆教育人员向参与者讲授山东泥塑及高密泥叫虎的来历；然后，博物馆教育人员指导大家共同绘制泥叫虎。

活动时间：正月初五10：00—12：00。

活动地点：山东博物馆四楼民俗体验区。

活动对象：7—14岁青少年，30人。

所需材料：泥叫虎白胎30个，泥叫虎样品5只，颜料30套，画笔30支，围裙30件，水桶10个，调色盘30个。

11. "钺"来"钺"好——创意亚醜钺

活动内容：钺是兵器，也是礼器。国之大事，在祀与戎。钺身兼双职，代表着一个国家的王权。踏着新年的脚步，我们一起通过手中的剪刀，重新构思"钺"的权威，祝福我们新的一年生活"钺"来"钺"好！

"钺"来"钺"好——创意亚醜钺

首先，博物馆教育人员带领参与者参观馆藏钺，讲授钺的发展等基本知识；然后，博物馆教育人员指导大家共同完成亚醜钺创意外形的设计。

活动时间：正月初六10：00—12：00。

活动地点：山东博物馆四楼传统文化体验区。

活动对象：7—14岁青少年，每期40人。

所需材料：亚醜钺样品5个，亚醜钺材料包40套。

12. 礼乐咏新春——古琴雅集

活动内容：山东博物馆诸城派古琴研究中心老师向观众介绍关于古琴的基本常识和礼仪，引导观众体验古琴演奏的乐趣。古琴演奏家现场演奏经典琴曲，与大家分享古琴的韵律，为更多喜爱古琴的朋友提供一次认识古琴、亲触古琴的机会。

礼乐咏新春——古琴雅集

首先，博物馆教育人员带领参与者参观馆藏古琴，讲授古琴的基本知识；然后，参与者在博物馆教育人员的指导下，共同欣赏古琴演奏家演奏和解读中国古琴名曲。

活动地点：山东博物馆四楼

传统文化体验区。

　　活动对象：7—14岁青少年，每期20个亲子家庭，约满为止。

　　所需材料：古琴20把，汉服20身，香炉1个。

13. 文虎闹元宵——猜灯谜

　　活动内容：灯谜中有文化，灯谜中有文物，灯谜中有回忆，灯谜能唤醒人们的记忆，灯谜能留住古老的习俗。观众首先将猜对的灯谜取下来，然后到抽奖处核对答案，抽取奖品，最后登记信息并领取奖品。

猜灯谜

　　活动时间：正月十五9：00—16：00。

　　活动地点：山东博物馆孔子学堂跨院。

　　活动对象：来山东博物馆参观的观众，人数不限。

　　所需材料：红灯笼50个，灯谜5个，红线4卷，U型夹100个，L型夹70个。

14. 照亮光明前程的祈愿——苇子灯笼制作

　　活动内容：山东有的地区有正月十六提灯开学之说，学生提着灯笼走进学堂，老师为其点燃，寓意照亮前程。在开学之际，山东博物馆和观众一起制作灯笼，寄托照亮前程的美好寓意。

　　首先，博物馆教育人员向参与者讲授元宵节看花灯习俗来历以及正月十六的提灯开学习俗；然后，博物馆教育人员向参与者讲授苇子灯笼的来历及山东元宵节灯俗；最后，参与者在民俗老师的指导下制作苇子灯笼。

苇子灯笼制作前的讲解

　　活动时间：正月十六10：00—12：00。

活动地点：山东博物馆一楼孔子学堂。

活动对象：7—14岁青少年，每期40人，约满为止。

所需材料：莛子灯笼龙骨40个，玻璃纸40张，毛笔40支，颜料20盒。

六、安全预案

（一）总则

根据《山东博物馆安全防范应急预案》《消防应急实施方案》及相应的法律法规，为保证应急预案实施工作及时、高效、有序地进行，结合本次活动的场地位置、人员配备、现场布局等具体情况，制定本预案。本预案仅适用于此次活动中突发事件的应对处理。

（二）组织机构及职责

1. 根据《山东博物馆安全防范应急预案》，本馆安全防范应急工作由"山东博物馆安全防范应急指挥小组"全面负责，由保卫部负责具体实施。

2. 保卫部应急值班干部负责初期应急预案总协调与调度工作，安防、消防监控中心值机人员负责所有内外联系沟通工作及现场监视情况汇报。

3. 宣教部现场部署两名工作人员，在保卫部值班人员和保安的组织下处理应急突发情况。

4. 学生家长负责参加活动的学生的法定监护责任，在活动当天到达活动现场后，经宣教部工作人员核实、确认并登记后方可参加本次活动，活动过程中应服从宣教部工作人员的安排。活动开始后，家长在等候区等候，并保持安静。活动现场如出现安全事件，家长应根据本预案，在现场工作人员的组织安排下有序疏散、撤离。

（三）预案分类及处理

应急预案主要针对的突发情况如下：一是可疑物品造成的重大威胁；二

是刑事犯罪或破坏活动，如抢劫、斗殴等；三是群体扰乱公共场所秩序的治安事件，因人员众多、秩序失控而发生的拥挤或踩踏等事件；四是不可预见或不可确定的天灾造成的紧急灾害。应按照这几个方面制订相应应急预案：

1. 发现可疑物品

启动条件：当活动现场发现可疑物品或可疑包裹且不能判断该物品真实成分时。

参与人员：保卫部应急值班干部、监控中心值机员、保安队员。

应急响应：当活动现场工作人员发现可疑物品时，第一时间通知保卫部应急值班干部，在安保人员的组织下，打开安全出口，有序疏散现场观众，然后由安保人员进行下一步处理。

应急工作状态的解除：由应急指挥小组根据具体情况，宣布应急工作状态解除。

2. 发生抢劫案件

启动条件：遇有公开使用暴力、胁迫或其他手段，强行掠夺财物，危及人身安全情况时。

参与人员：保卫部应急值班干部、监控中心值机员、保安队员。

应急响应：当发生劫案时，活动现场工作人员第一时间通知保卫部应急值班干部，由安保人员进行下一步处理；事主或在场人员如有受伤的，工作人员要立即设法将伤者送医院抢救、医治，并告知公安机关。

应急工作状态的解除：由应急指挥小组根据具体情况宣布应急工作状态的解除。

3. 发生打架斗殴案件

启动条件：遇有在活动区域发生的打架斗殴事件。

参与人员：保卫部应急值班干部、监控中心值机员、保安队员。

应急响应：当发现发生打架斗殴的情况后，活动现场工作人员第一时间通知保卫部应急值班干部，由安保人员进行下一步处理；现场人员如有受伤的，工作人员应立即设法将伤者送医院抢救、医治。

应急工作状态的解除：由应急指挥小组根据具体情况宣布应急工作状态的解除。

4. 发生寻衅滋事

启动条件：遇到不服从安排、强行进入、在活动区域内寻衅滋事者。

参与人员：保卫部应急值班干部、监控中心值机员、保安队员。

应急响应：当发现此类情况后，活动现场工作人员第一时间通知保卫部应急值班干部，由安保人员进行下一步处理。在处理问题时态度和蔼，说话和气，以理服人。发生纠纷时，工作人员要保持冷静，避免争吵。

应急工作状态的解除：由应急指挥小组根据具体情况宣布应急工作状态的解除。

5. 人员拥挤事件

启动条件：当活动现场人满为患、秩序失控而发生拥挤时。

参与人员：保卫部应急值班干部、监控中心值机员、保安队员。

应急响应：当活动现场秩序失控而发生拥挤时，活动现场工作人员第一时间通知保卫部应急值班干部，由安保人员进行下一步处理；同时打开安全出口，有序疏散现场人员。

应急工作状态的解除：由应急指挥小组根据具体情况宣布应急工作状态的解除。

6. 火灾事件

启动条件：遇有活动现场出现烟雾、明火等火灾初期现象时。

参与人员：保卫部应急值班干部、监控中心值机员、保安队员。

应急响应：当活动现场出现初期火灾情况时，活动现场工作人员第一时间通知保卫部应急值班干部，由保卫部人员组织扑救初期火灾；同时打开安全出口，有序疏散现场人员。

应急工作状态的解除：由应急指挥小组根据具体情况宣布应急工作状态的解除。

2

博物馆文化基层行

济南市博物馆

一、活动主题

（一）活动背景

2016年初，山东省文物局、济南市文物局下发了《关于组织博物馆参加2016年"三下乡"活动的通知》，要求博物馆开展流动展览进基层、进学校活动。济南市博物馆根据通知要求，充分利用自身资源优势，精心策划并实施了"博物馆文化基层行"活动。

（二）活动宗旨及意义

活动以"让文物说话，讲济南故事，展博物馆文化"为主题，面向乡镇基层策划推出群众喜闻乐见的文化活动，旨在进一步发挥博物馆"保护、研究、展示、教育"功能，让历史说话，让文物发声，搭建博物馆与基层公众沟通交流的平台。活动对于丰富群众精神文化生活、促进农村文化事业发展和新农村建设、满足农村群众文化生活需求具有积极的推动作用。

二、活动组织

（一）组织单位

济南市博物馆。

（二）活动宣传途径

除在纸质媒体发布宣传信息外，充分利用中国文物局网站、山东文物局网站、济南市文广新局网站、博物馆网站、大众网、济南政府网、微信、微博等新媒体进行宣传推广；同时，还在《中国文物报》上开辟活动专栏，扩大了博物馆的宣传力度。

媒体对"博物馆文化基层行"的报道

三、参与对象

活动中，济南市博物馆抓住春节、农村赶大集、国际博物馆日、学雷锋活动月、千佛山庙会、建军节等时间节点，积极开展了免费送展活动，深入到农村、集市、军营、学校、社区、景区、基层场馆等处，广泛举行巡展。参与对象从幼儿园学生到老年人，各个年龄段的公众都参与了进来。工作人员均为博物馆的专业技术人员，在社会教育方面具有丰富的经验。单次活动人数从一百多人到几万人不等。

四、活动时间

每个季度开展活动10次以上。

五、活动内容

（一）活动类别

体验类。

（二）活动目标

济南文化遗产丰富，但由于博物馆资源有限，农村的广大群众很少有机会走进博物馆，接受历史文化和爱国主义教育。"博物馆文化基层行"活动，以"文化惠民"为主线，突出公益性，坚持"三贴近"原则，旨在进一步发挥博物馆"保护、研究、展示、教育"功能，让历史说话，让文物发声，搭建博物馆与基层公众沟通交流的平台。深入县、乡、村开展文化活动，能让广大基层百姓了解济南的历史文化，接受爱国主义教育，增强文化遗产的保护意识，同时可推动基层文化大发展大繁荣。

（三）活动准备

制定了详细的活动实施方案，对活动对象提前进行摸底调查，了解其需求，进而从工作人员、物资、经费等方面进行了充分的准备。

（四）活动步骤

活动共分为部署启动阶段（3—4月）、组织实施阶段（5—11月）、总结提高阶段（12月）三个阶段。

1. 部署启动阶段

重点做好方案制定、组织动员、基层情况调查摸底、沟通交流、制作宣传横幅和标语、文化志愿者招募、讲解员培训、展览及宣传册设计制作等工作，活动启动后向上级报送活动方案。

2. 组织实施阶段

抓住国际博物馆日、文化遗产日、国庆节、元旦、春节等时间节点，用车载宣传的形式深入六区三县一市的重点乡镇、村、学校、企事业单位，充分利用农村乡镇群众传统"赶大集"这一良好契机，开展赶大集形式的送文化活动，用通俗易懂的方式和简明朴实的话语把历史文化知识和爱国主义教育传达给基层群众，让更多的群众享受到均等的公共文化服务。

3. 总结提高阶段

总结2016年开展"博物馆文化基层行"活动取得的成绩和经验，举办基层行、齐鲁行活动汇报展，并向上级报送活动举办情况的书面总结材料。

（五）活动实施

1. 免费送展

将博物馆精心制作的展览免费送到农村，并派出优秀讲解员进行现场讲解，丰富农村群众的文化生活，使他们在家门口就能观赏到博物馆的精品展览。

（1）博物馆里的宝——馆藏文物图片展：包括30张展板，展示了济南市博物馆堪称稀世珍品的部分藏品。

（2）泉城古韵——济南的老建筑图片展：包括35张展板，展现了济南作为历史文化名城所保存的大量历史老街区、老建筑以及近现代优秀建筑的图片。

（3）济南名士多图片展：包括21张展板，以"扬济南名士风采，塑和谐校园文化"为主题，精选20名最为杰出的济南名士，进行图文并茂的介绍。

（4）古代体育图片展：汇集了中国古代体育文物照片，涉及的古代体育运动项目有球类、射箭、棋类、民俗游乐等。

（5）世界遗产在中国图片展：包括39张展板，汇集了我国世界遗产事业的最新成果，图文并茂，引人入胜。

（6）开天辟地的大事变——中国共产党创建史展：展览通过珍贵的图片资料，全面、生动地再现了中国共产党艰辛而又光辉的创建历程。

（7）走进视觉艺术的幻妙世界图片展：包括30张展板，展示了艺术家们利用特定的绘画技法创作的精彩作品，让农村群众在奇妙体验中感受到心灵的秘密。

（8）古代幽默滑稽文物图片展：包括20张展板，精选60余幅令人捧腹、开心的幽默滑稽文物图片。

（9）外交史上第一人——蔡公时纪念展：以蔡公时烈士事迹和"五三"惨案为主，通过实物图片资料，再现了蔡公时追求革命、誓死捍卫国家和民族尊严的光辉一生。

（10）老舍与济南图片展：通过老舍先生的大量珍贵图书、照片、手稿以及遗物，以图文并茂的形式，向观众展示老舍在济南居住四年的文学创作及生活的点滴。

2. 文物宣传进万家

设计制作《文物保护法》《博物馆条例》等法律法规以及文化遗产和博物馆知识宣传册，在送展的同时现场发放，进行文物普法及文物知识宣传教育。

3. 送文创产品

向部队、学校、基层博物馆及文化馆赠送介绍济南市博物馆发展与文物藏品情况的书籍和DVD光盘、邮票珍藏册、美术书法作品，以及由馆藏碑刻重刻本制作的拓片等文化产品。

（六）活动撷影

1."送文化进军营"，共话拥军情

为充分发挥博物馆社会教育职能作用、丰富部队官兵的精神文化生活、激发战士们爱国的热情和投身国防建设的积极性，济南市博物馆开展了"送文化进军营"系列活动，受到部队官兵的热烈欢迎和好评。

2016年春节前夕，济南市博物馆组织何民、周群、刘新智等书画家精心创作了美术书法作品。带着这些饱含对人民子弟兵深厚情谊的书画作品，博物馆工作人员赶赴中国人民解放军中部战区某基地开展文化慰问活动，并向部队官兵赠送了自主开发的文化创意产品《老舍与济南》邮票珍藏册，送去新春的问候与祝福。活动中，博物馆还与部队官兵举办了拥军座谈会，双方围绕文化双拥工作进行了亲切交流。

送文化进军营1

送文化进军营2

2016年5月26日，济南市博物馆将"中国共产党创建史图片展"及"纪念雷锋同志先进事迹图片展"送往某部队401仓库。活动更好地发挥了济南市博物馆爱国主义教育基地的辐射作用，激励了广大官兵坚定信念、履职尽责的热情，受到部队官兵的一致好评。

为庆祝中国人民解放军建军89周年、丰富

部队官兵文化生活、进一步加强博物馆文创产品的推广，2016年8月1日，济南市博物馆将馆藏精品画册以及由馆藏碑刻重刻本制作的拓片等文创产品送到北部战区某部，并举办了"八一拥军座谈会"，受到驻地部队官兵的欢迎和好评。2016年7月30日至8月1日，济南市博物馆还组织书画家赴山东省武警部队济南中队、山东省军区干休所开展文化慰问活动。

2. 送展到乡镇大集和农村小学

为丰富基层群众精神文化生活、促进农村文化事业发展和新农村建设、满足基层群众不断增长的文化生活需求，"博物馆文化基层行"活动走进了县区和乡镇。

2016年3月18日，济南市博物馆充分利用农村乡镇传统"赶大

送展到历城区仲宫镇西郭小学

集"这一良好契机，将"博物馆里的宝——馆藏文物图片展""古代幽默滑稽文物图片展"和"泉城名家书画作品展"送往章丘埠村镇。送展过程中，博物馆工作人员还现场发放宣传册，向群众广泛宣传文博知识，让农民朋友不用进市区就可一睹平时难得一见的珍贵文物的风采。

2016年3月24日，济南市博物馆将"博物馆里的宝——馆藏文物图片展""古代幽默滑稽文物图片展"送往历城区仲宫镇西郭小学，现场发放宣传册，向学生广泛宣传文博知识，给这些山区的孩子带去了一次精美的文物大餐。

2016年10月12日、19日，济南市博物馆将"济南老舍纪念馆流动展"送往章丘东鹅庄村和龙山街道办事处，让更多群众享受到了文化惠民带来的实惠。

3. 把特色展览送到基层场馆

为扩大宣传力度，济南市博物馆将蔡公时纪念展做成了流动展。该展览展现了蔡公时追求革命、誓死捍卫国家和民族尊严的光辉一生，是进行爱国主义教育的生动教材。2016年1月至2月，"外交史上第一人——蔡公时纪念

送展到历城区博物馆

送展到章丘博物馆

展"在位于历城区遥墙镇四风闸村的辛弃疾纪念馆展出。展出结束后，济南市博物馆联合辛弃疾纪念馆接着将展览送到历城区乡镇、乡村小学进行巡展。2016年3月2日，济南市博物馆又将"外交史上第一人——蔡公时纪念展"送往历城区博物馆，展期一个月。该展览受到广大市民和师生的热烈欢迎。

此外，为弘扬雷锋精神、引领良好社会风气，在"学雷锋纪念日"到来之际，济南市博物馆将"纪念雷锋同志先进事迹图片展"送往济南老舍纪念馆，2016年3月4日至6日展览三天。2016年3月23日，又将"纪念雷锋同志先进事迹图片展"送到章丘博物馆，连续展览两周；同时，向章丘博物馆赠送了文创产品《老舍与济南》邮册、反映博物馆发展与文物藏品的DVD光盘，受到基层博物馆和群众的热烈欢迎。

为展示济南市文博系统书画创作及文创产品最新成果、让当地群众感受书画艺术的魅力，济南市博物馆于2016年5月21日推出了"济南文博书画齐鲁行展"，展览内容为济南地区文博书画名家作品以及馆藏书画仿制品。在博物馆展出一个月后，展览被送往济阳县政务中心、商河县博物馆、兖州市博物馆、平度市博物馆、青岛市博物馆、诸城市博物馆等基层场馆巡回展出。该巡展活动加强了博物馆之间的文化交流，满足了基层群众的文化需求，受到当地观众的欢迎和好评。

2016年7月29日，济南市博物馆将"博物馆里的宝——馆藏文物图片展"和"古代幽默滑稽文物图片展"分别送往济南市少儿图书馆及中山公园，受到广大市民的喜爱和欢迎。精美的文物图片，配以翔实的文字说明，吸引了很多市民前来观展。济南市博物馆还于2016年9月9日、10月27日将"济南老建筑图片展"送到历城区博物馆、济阳县博物馆展出。

4. 完成20多所学校送展计划

近些年来，为配合校园文化建设，济南市博物馆加大了走向社会、服务青少年的力度，设计制作了"济南名士多""纪念雷锋同志先进事迹展""孝文化展""古代幽默滑稽文物图片展""走进视觉艺术的幻妙世界图片展"等贴近师生学习生活且便于参观的专题展览，免费将展览送到济南市的大中小学校，并派出优秀讲解员提供义务讲解服务。

2016年3月，济南市博物馆利用"雷锋月"时间节点，将"纪念雷锋同志先进事迹图片展"送到西藏中学、纬二路小学、育文小学、育贤第四小学、经八路小学等中小学，用雷锋精神引领学生健康成长。

此外，济南市博物馆抓住国际博物馆日、中国文化遗产日、"五三"纪念日等时间节点，将"济南老建筑图片展""走进视觉艺术的幻妙世界图片展""纪念雷锋同志先进事迹展"和"外交史上第一人——蔡公时纪念展"等流动展览送到济南民生大街小学、永长街回民小学、育明小学、育新小学、济

送展到舜文中学

送展到山东省交通厅党校

南市党家中学、舜玉小学、舜文中学、十六里河中学、七贤中学、济南育英中学、济南第二十七中学等中小学，让孩子们不出校门就可以参观博物馆展览，领略济南传统文化的魅力；同时，还将"博物馆里的宝——馆藏文物图片展"等展览送往山东省交通厅党校，受到广大师生的热烈欢迎。截至目前，流动展览已送往20多所学校。

5. 展览、活动走进社会民办教育机构

为了丰富孩子们的托管生活、打造社会教育平台，济南市博物馆充分发挥自身资源优势，设计制作了一批以馆藏藏品为原型的益智玩具和贴近师生学习生活的专题展览，计划从历下区小学生托管班开始，开展以"植入文博活动 丰富托管生活"为主题的系列青少年活动。

博物馆活动走进历山名郡社区亲子俱乐部

2016年10月28日，济南市博物馆在千佛山街道办事处历山名郡社区亲子俱乐部推出了"古代幽默滑稽文物图片展"和手工体验公益活动。活动分为参观展览、手工拼宝及拓片体验三大部分。"古代幽默滑稽文物图片展"展出了令人捧腹的图片及大量幽默笑话，使观众增长了知识，陶冶了情操，享受幽默带来的快乐与愉悦。手工拼宝教具以青铜器、瓷器、陶器、书画为原型，拼宝游戏可以大大激发孩子们的好奇心和求知欲。拓片体验则通过讲解、演示和现场指导等方式，让孩子们体验拓片制作的过程，感受传统文化的魅力。本次活动标志着济南市博物馆"植入文博活动 丰富托管生活"主题系列活动正式拉开帷幕。

随后，济南市博物馆将"古代幽默滑稽文物图片展""走进视觉艺术的幻妙世界图片展""世界著名博物馆图片展"和手工体验公益活动送到了曼茵德

尔幼儿园、丁丁宝贝托管班、仁和少儿托管班、男孩女孩活动室等社会民办教育机构。这一系列活动激发了学生们对传统文化的热爱，让公共文化服务惠及社会各个角落。

6. 送展进社区

2016年2月22日是中国的传统节日元宵节。为了营造欢乐喜庆的节日氛围、丰富群众精神文化生活，济南市博物馆将精心制作的"博物馆里的宝——馆藏文物图片展"免费送到铁路南苑小区，

送展到鹅庄社区

并派出了优秀讲解员进行现场讲解。该活动吸引了大批观众，受到社区居民的一致好评。

济南市博物馆是国家二级博物馆、省市级爱国主义教育基地，馆藏文物丰富。"博物馆里的宝——馆藏文物图片展"以图片的形式，同时配以详尽的文字说明，展示了博物馆堪称"稀世珍品"的部分藏品。精美的图片、生动的讲解，丰富了社区居民的节日文化生活，使他们在家门口就领略到了博物馆文物精品的风采。

2016年8月25日，由济南市博物馆、泉景社区联合主办的"'印象泉城'老济南建筑展"在泉景社区居委会二楼先锋空间正式开展，展期一周。此次展览展现了济南作为历史文化名城所保存的大量历史老街区、老建筑，以及近现代优秀建筑，让百姓了解到济南古建筑艺术的高度和文化的深厚，唤醒了人们保护文物的意识，弘扬了民族优秀传统文化。

7. 流动展览到景区

2016年4月8日至4月17日是一年一度的千佛山"三月三"庙会。2016年3月

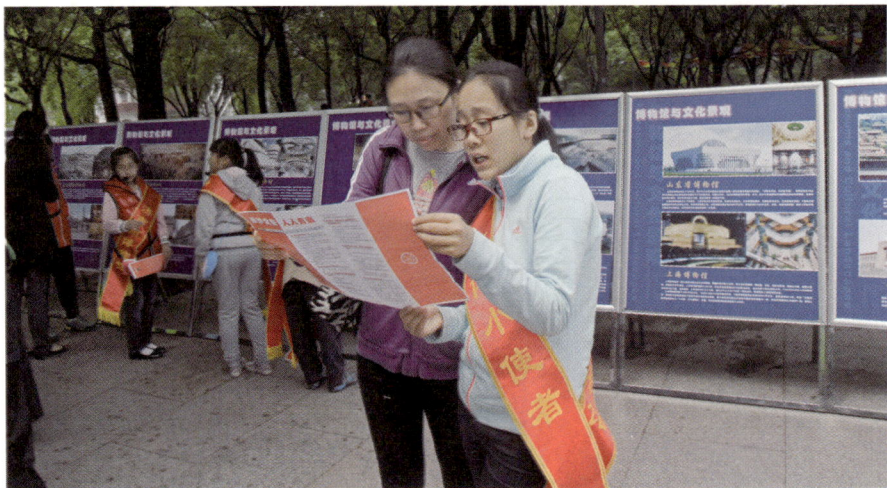
在泉城公园景区开展文物普法宣传活动

30日，济南市博物馆在千佛山齐鲁碑刻文化苑推出了"济南老舍纪念馆流动展"，使游客在逛山会的同时欣赏到博物馆精心准备的一次文化展。该展览展示了济南老舍纪念馆的基本陈列，通过大量珍贵图书、照片、手稿及遗物，以图文并茂的形式，再现了老舍在济南的教学、生活和创作情况。

国庆节及千佛山重阳山会期间，济南市博物馆在千佛山齐鲁碑刻文化苑又推出了"外交史上第一人——蔡公时纪念展"和"博物馆里的宝——文房用具图片展"，吸引了万余游客前往参观。送展活动也是由济南市博物馆和千佛山景区联合打造的"露天博物馆在景区"文化惠民系列活动之一。

为迎接"国际博物馆日"的到来，济南市博物馆组织30余名文博小使者，在泉城公园映日湖畔举办了"博物馆与文化景观"宣传展览和"文物普法宣传"活动。活动现场，文博小使者兵分两路，一队向游客讲解文化景观知识，另一队则热情地向游人宣传《文物保护法》，呼吁大家关注和保护身边的文物。

2016年11月20日，"泉城古韵——济南的老建筑图片展"在济阳县黄河古镇名仕轩开展。本次展览由济南市博物馆、济南市考古研究所、济阳县文广新局主办，由济阳博物馆承办，展期持续至当年年底。展览让游客在景区娱乐休闲的同时，能一睹济南本土老街、老巷、老建筑的历史风貌。

免费送展服务是济南市博物馆长期的活动品牌。早在20世纪80年代，济南市博物馆就充分发掘自身的历史文化资源和教育功能优势，克服没有展厅的不利条件，将展览做成图文并茂、灵活机动的展板形式，积极开展免费送展、讲解服务活动，开辟了博物馆进行社会教育的广阔天地。2016年开展的"博物馆文化基层行"活动，济南市博物馆深入乡村、景区、社会教育机构、学校、社区、部队等基层单位，送展览，送文创产品，开展系列文化惠民活动，大大扩展了公共文化服务的内容和范围。

六、安全预案

因活动参与人数较多，济南市博物馆制定了详细的活动安全预案，有效地预防了突发性事件的发生。

3

"东夷探源"系列教育活动

青岛市博物馆

一、活动主题

（一）活动背景

　　东夷文化是一个茫昧而渊默、劲健而多姿的古文化体系，在中国的"东方"，彰显着中国精神。东夷人作为今天青岛人的祖先，其生活的足迹可追溯至7000年前的新石器时代。我馆此次推出的"东夷探源"系列教育活动是基于20、21世纪学术界针对东夷文化的研究成果与方向展开的，其所"探源"之本，在于东夷文化所代表的青岛地区的历史原点，着眼于理解东夷文化的根源及海洋性，即一探东夷之"海"，二寻东夷之"源"。青岛市博物馆以探寻东夷文化的渊源为基，旨在发扬地方特色文化、保护地方文化遗产。自2015年起针对我市中小学生相继推出"东夷探源——时光宝盒"及"东夷探源——古文明印记"系列教育活动，为青少年提供学校之外的传统文化、历史教育课堂，传播以东夷文化为代表的青岛地区历史文明。

数千年前，这片古老的海滨曾是东夷先民生活劳作的土地；数千年后，从传统的手工印染到大规模机械化，从弹弓、陀螺到iPad、网游，历史的沧桑、时代的变迁历历在目，人们的生产生活方式与少年们的游戏活动已今非昔比。"东夷探源——时光宝盒"系列活动围绕"怀旧"与"探源"展开，结合我馆同期的展览"我们的生活——青岛市民老物件收藏展"，以此为坐标开启"时光宝盒"，让当今的青少年有机会认识家长们儿时玩过的"老"游戏——矮墙下跳皮筋、巷弄里弹弹珠、大雨后粘知了、马路边滚铁环，亲手制作当年风靡大街小巷的玩具——万花筒，体验中国传统的手工染色技术——扎染、夹染，创作融入孝道文化的DIY雪花泥作品……在探索之余同学们尽情享受视觉与触觉完美结合的文化盛宴，充分感受历史与美学的融合之美。

2016年推出的"东夷探源——古文明印记"系列教育活动是我馆首次针对青少年群体推出的科普类互动活动，也是以"海洋"为主题的一次教育课堂。海洋作为东夷文化的精神基因之一，是依海而生、靠海而居的青岛人最深刻的记忆。此次活动，结合水族馆提供的六件海洋生物标本，讲述海洋生物知识，并提供零距离接触标本的机会，让青少年充分感受亿万年前海洋生命起源的震撼。与之同时推出的"碎片密码"活动旨在追溯青岛地区海洋文明的起源，使青少年在观展之余进行问题的思考，提高其海洋环境的保护意识。

作为青岛市博物馆主题教育活动，"东夷探源"系列教育活动将持续推出针对中小学生的社会课堂，设置亲子互动、家庭协作体验内容，用浅显易懂的语言向同学们传授传统文化知识，发挥博物馆作为城市记忆载体及教育机构的功能，继承和发展优秀的传统文化，为青少年提供与历史对话的机会，进而使其了解不同时代的生活习俗文化，提高其历史文化认同感。

（二）活动宗旨及意义

2016年推出的"东夷探源——古文明印记"系列教育活动以"海洋"主

题为开端，追溯青岛地区海洋文明的起源，让青少年感受亿万年前海洋生命起源的震撼。此系列活动采取真人卡通形象代言讲述的方式，结合节日、文物展览，深度挖掘历史文化内涵，积极推进馆校合作，与学生的课堂知识相结合，推广注重参与和体验的活动形式，展示博物馆文化传承的多样性、知识性及趣味性。其中，强力推出的"东夷探源——古文明印记之现代人眼中的古代趣味运动"投壶体验活动，结合馆藏清代投壶，让观众跟着文物"动"起来，在"亦静亦动"的博物馆里，体验古代人的雅致生活，在文化传承中夯实社会教育品牌，传播并弘扬民族优秀文化。

我馆同时将教育活动延伸到馆外，积极开展"三下乡""五进"等配套活动。2015年到2016年，针对我市社区、学校、军营、偏远乡村、老年公寓、新市民之家等场所的社会公众，我馆相继推出"东夷探源——青岛史话"及"东夷探源——馆藏集萃"两大宣讲板块，采用"流动的博物馆"的形式，将青岛地区的历史送到百姓身边，传承和弘扬以东夷文化为代表的青岛地区的历史文明。

二、活动组织

（一）组织单位

青岛市博物馆开放教育部。

（二）活动宣传途径

青岛市博物馆官方网站、微信、微博及报刊。

三、参与对象

"东夷探源"系列教育活动均由本博物馆专业社会教育人员提供服务，如历史文物知识的普及、鉴赏和传播，优秀民族传统文化的启蒙，同时给参与者提供动手制作的体验机会。受众群体涵盖社会公众、未成年群体与亲子家庭。

四、活动时间

"东夷探源"是青岛市博物馆推出的系列教育活动,逢重大节庆、传统节日举办,也是我馆推出的延续性活动,每年都根据展览等因素确定不同的活动主题与内容,单次活动持续时间为半天至三天不等。

五、活动内容

（一）活动类别

"东夷探源"系列活动包括体验类活动、参与类活动和亲子类活动,内容丰富,形式多样。

（二）活动目标

"东夷探源"系列教育活动旨在为青少年提供学校之外的传统文化、历史教育课堂,传播以东夷文化为代表的青岛地区的历史文明。扎染和夹染等活动,是根据"青岛史话"展览中出现的印染技术而开展的体验类活动,旨在通过动手参与活动,让孩子们了解更多印染的历史知识。现如今,机器印染已经替代了手工染布。我们的活动带大家探寻历史,重新感受手工印染的过程,激发起同学们对传统手工艺的兴趣,让同学们感受到古人的智慧。"万花筒"之类的活动,是通过老物件的展览让孩子们能够看到过去生活中的物品,感受科技的进步和时代的变迁。这些老物件包括家具、相机和玩具等等。亲手制作一件万花筒,让自己拥有一件"老玩具",大家对"旧物"有了不一样的看法,进而了解不同时代的文化生活习俗,加强了对父辈、祖父辈生活环境的理解与认识,进而更加珍惜现在的富足生活。我们借鉴山东传统木版年画制作十二生肖的经验，引导同学们制作别具特色的民间画艺，让他们感受浓厚的乡土气息；采取引进展览"从远古走来的渔猎文明——三皮展"的方式，开展自然原生态、碎片密码等参与类活动，通过展览及专家老师的讲解，近距离与动植物接触，让大家了解不同区域人们的不同生活，了解人与自然的密切联系，增强大家的环境与资源保护意识。通过一系列新鲜有趣的活动，调动起同学们主动了解历史的兴趣，开启时光宝盒，探寻古文明印记，从而进一步了解古代文明，进而培养起青少年热爱历史、热爱祖国传统文化的情感。

（三）活动准备

1. 活动方案的策划与撰写；2. 活动宣传稿件的撰写；3. 相关专业老师及本馆教育人员提前备课；4. 相关课件准备；5. 活动材料准备；6. 活动报名、登记；7. 场地布置；8. 与相关场馆及单位联系沟通；9. 宣讲车辆准备。

（四）活动步骤

1. 手工制作类互动活动

（1）在讲解员的引导下参观与手工项目相关的展览，并重点介绍该部分内容。

（2）由专业讲师实施教育，讲述该领域专业知识、传说典故，并采取提问方式与参与者互动。

（3）演示制作方法，在参与者制作过程中给予指导。

（4）现场安排专人拍照并维持秩序。

（5）撰写活动总结并在网站、微信、报纸等平台上发布。

2. 馆外宣讲类活动

（1）宣讲人员和活动人员提前抵达场地，分别进行设备调试、场地布置等准备工作。

（2）宣讲活动实施，加强现场秩序管理。

（3）采取文物展示、参与印制年画等方式加强互动。

（4）现场摄影、摄像、记录。

（5）问卷调查。

（6）撰写活动总结并在网站、微信等平台上发布。

（五）活动实施

1."东夷探源——时光宝盒"之制作万花筒

（1）制作万花筒。

（2）在讲解员的引导下参观"我们的生活——青岛市民老物件展"。

（3）家长们互动：跳方格，翻花绳，跳皮筋，斗鸡。

2."东夷探源——时光宝盒"之神奇的染色世界

（1）参观"青岛史话——古韵悠长"古代史展览，跟随讲解员了解东夷
先民在青岛这片古老土地上生活劳作的场景。

（2）了解先民用染料为布匹染色的过程。

（3）观看扎染视频。

（4）动手扎染素色手绢，在洁白的手绢上扎染出多彩的图画。

3."东夷探源——时光宝盒"之雪花泥DIY

（1）由讲解员带领同学们参观山东木版年画展，其内容主要为传统
二十四孝以及中国传统的十二生肖。

（2）动手制作雪花泥作品。

参与者跟随讲解员参观"我们的生活——青岛市民老物件展"

家长们参与互动——跳皮筋

同学们在家长的指导下制作万花筒

参与者跟随讲解员参观"青岛史话——古韵悠长"展览

讲解员向同学们讲述"二十四孝"的故事

同学们学习中国传统印染知识

同学们在家长的协助下参与雪花泥DIY活动

小同学体验扎染制作

4."东夷探源——古文明印记"之自然原生态——海洋知识讲座

（1）由工作人员向同学们详细介绍海洋生物的现状与海洋动物标本的知识。

工作人员向同学们展示海龟标本

同学们零距离接触海洋生物标本

（2）听完老师专业、精彩的讲解后，同学们都积极参与互动，踊跃回答问题。

（3）回答正确的同学都得到了精美的《海洋探秘》图画书。

（4）同学们与珍贵的海洋生物标本进行零距离接触，并与之合影。

5. "东夷探源——古文明印记"之碎片密码活动

（1）同学们根据活动指南，带着问题看展览，一边参观一边寻找答案。

（2）同学们到工作人员处核对答案。

观众参与"碎片密码"活动

（3）答对的同学得到了博物馆精心准备的赫哲族特色纪念品。

六、安全预案

1. 消防：活动各区域消防通道保持畅通无阻，现场设置灭火器材。安保人员尽职尽责，禁止任何人将任何可能威胁活动安全的易燃易爆类物品带入场内。

2. 防盗窃：由安保人员负责，采取严格的安全保卫措施，可劝导参与人员将贵重物品存放于服务台以防丢失。

3. 紧急疏散方案：遇到紧急情况时，以最快速度调集安保人员至各出口等重要位置，并在场内各通道处维持秩序，使所有人员能够迅速、有序、安全地疏散。

4. 遇有异常紧急情况时，安保人员第一时间拨打110、120等相关电话，告知现场情况并派专人在活动现场等候。

5. 如现场出现停电故障，马上安排电工维修，保证五分钟内恢复现场用电。

6. 如参与活动的青少年、家长在活动过程中发生争执，工作人员及时劝阻、协调。

7. 确保外出宣讲人员路途中的用车安全，及时维护保养车辆，并购买车辆和人员保险。

处理突发事件原则：

任何突发事件发生时，都要遵循"人员第一"的原则，确保参与活动人员的人身安全。

一旦出现突发事件，立即启动各应急小组的工作。

保护现场，设立警戒线，避免无关人员靠近。

当活动现场通道堵塞时，应迅速清理通道，确保安全通行。

4

"青岛民俗体验公益行"品牌活动

青岛市民俗博物馆

一、活动主题

（一）活动背景

2016年，青岛市民俗博物馆联合青岛市市北区人人公益志愿者服务中心共同启动了"青岛民俗体验公益行"品牌公益活动，并通过市南教体局加强了对未成年人的传统文化教育。活动涉及敬老院、社区、学校、部队和外来务工人员等。在总结经验的基础上，2017年青岛市民俗博物馆开展了传统文化讲堂进校园活动，授课范围涉及市南区全部的幼儿园和小学。该活动通过志愿者把青岛的民间艺术送到同学们身边，引导大家通过活动体验青岛民间传统手工艺和具有地方特色的民间艺术的魅力。

（二）活动宗旨及意义

活动的宗旨是拓展民俗博物馆的对外宣传教育职能，真正做到"文化惠民"，让更多的观众参与到公益活动中来，不仅欣赏民俗，也能够亲身体验民俗，感受传统文化带给大家的快乐，从而起到传承和发扬传统文化的目的。

《青岛早报》对青岛市民俗博物馆民俗体验活动的报道

二、活动组织

（一）组织单位

青岛市民俗博物馆、青岛市市北区人人公益志愿者服务中心、青岛市市南区教育研究中心社区教育办公室。

（二）活动宣传途径

通过青岛市民俗博物馆官网、青岛电视台、《青岛日报》等相关平台做预热及相关宣传。

三、活动时间

根据年初制订的工作计划，平均每月举办一次公益活动。传统文化进校园、民间戏曲进社区等活动平均为每次2小时。

四、活动内容

（一）青岛民俗体验公益行——万达广场

青岛市民俗博物馆"2016年青岛民俗体验公益行"品牌活动首秀在万达广场中心大厅拉开帷幕，此次活动是青岛电视台《生活在线》大型公益活动的

穆长清书记为学生们讲授
青岛民间戏曲知识

残疾人日举办的民俗体验活动

中秋节彩绘灯笼活动

主要内容。青岛市民俗博物馆领导在现场向市民介绍了活动内容，包括柳腔、茂腔、剪纸、蜡花、电络画、锢艺、珠花等，并邀请青岛市广大市民春节期间参加青岛市民俗博物馆举办的新正文化庙会。观众在观看猴年文化展、民俗工艺品文化展、传统戏曲展演、老年模特队展示的同时，还能够亲身体会到民俗工艺品制作的乐趣，亲身体验不一样的猴年民俗文化。

（二）青岛民俗体验公益行——青岛颐和老年公寓

随着社会的进步、人们思想境界的提高，感恩和奉献思想日益深入人心。青岛颐和老年公寓公益行活动中丰富多彩的传统民间戏曲表演，让更多的老年人能够近距离地接触和欣赏民间戏曲，让老人们体会到社会的关怀和温暖。

（三）青岛民俗体验公益行——崂山育才小学

2016年4月22日，我馆选派著名民间剪纸艺术家李文玲女士代表市民俗博物馆到崂山育才小学传授剪纸技艺。传统的民俗民间技艺深受孩子们的喜爱，得到学校的高度评价，收到了很好的社会民俗传承效果。

（四）青岛市民俗博物馆送戏下乡服务基层群众

为了贯彻落实《中共中央宣传部等关于2016年深入开展文化科技卫生"三下乡"活动的通知》精神、发挥博物馆的社会教育职能和文化服务职能，青岛市民俗博物馆结合省市有关文物工作的安排部署，充分发挥本馆三个优秀演出团

青岛市民俗博物馆地方戏曲进社区

体的优势，经过前期摸底考察，推出了基层群众喜闻乐见的本地戏曲下乡进社区演出活动。该活动丰富了群众的精神文化生活，传承并弘扬了中华优秀传统文化。

民俗体验公益行活动在即墨段埠庄举行

民俗体验公益行活动在即墨市荆花山社区举行

（五）青岛民俗体验公益行——端午民俗进校园

通过此次民俗体验进校园活动，学生亲手制作内装艾叶的五彩香包，并将这种特色民俗礼物带回家留作纪念。学生们体验了传统节日习俗，加深了对中国传统节日文化的认识。

青岛市民俗博物馆端午习俗进校园

1. 向学生讲解中国传统端午节习俗。

2. 特邀青岛民间手工艺老师向学生展示端午五彩香包的制作过程。

3. 学生们亲自动手制作五彩香包。

（六）青岛民俗体验公益行——青岛八大峡小学、上清路小学

为了迎接2016年6月10日我国第11个"文化遗产日"的到来，青岛市民俗博物馆举办文化遗产日进校园宣传活动。8日下午，民俗博物馆的人员由馆领导带队，携带本馆设计制作的12套生肖木版年画制作体验台来到青岛八大峡小学、上清路小学，向广大师生介绍青岛平度木版年画的起源、传承和发展状

青岛市民俗博物馆工作人员在上清路小学为学生们讲授青岛民间木版年画制作工艺

况。通过亲自动手体验和学习，学生们充分感受到青岛地区优秀民间手工艺的文化内涵和魅力，增强了对文化遗产的传承和保护意识。

1. 举办青岛传统民间木版年画知识讲座。

2. 开展互动活动——青岛传统民间木版年画手工制作。

（七）纪念建党95周年——传统文化进军营

青岛市民俗博物馆为了迎接中国共产党建党95周年，发挥好博物馆的社会教育职能和文化服务功能，发挥好本馆成立的民族服装表演团成员多才多艺的优势，精心组织开展了传统文化进军营活动。这项活动的开展，旨在传承中华民族优秀传统文化，发扬"军爱民，民拥军"的光荣传统，进一步加深军民鱼水情。

传统文化进军营

5

品读渔洋文化　传承国学经典

王士禛纪念馆

一、活动主题

（一）活动背景

王士禛，号阮亭，又号渔洋山人，世称王渔洋，山东新城（今桓台县）人。王士禛纪念馆作为历史文物景区和文化名人纪念馆，拥有大量丰富的历史文化和文物资源，是重要的爱国主义、廉政文化和国学教育基地。近年来，随着古建筑文物的保护修复和文化研究的不断深入，王士禛的文学成就、廉政理念、家族文化、文物遗存等，越来越引起人们的关注和重视。渔洋文化涵盖了中国优秀传统文化的价值取向、精神特质和思想内核，与社会主义核心价值观一脉相承，具有重要的现实意义和传承价值。

"品读渔洋文化　传承国学经典"志愿服务活动是王士禛纪念馆为开展爱国主义和国学教育、弘扬优秀传统文化而推出的一项特色社会教育活动。该活动充分利用景区历史文化资源和基地建设优势，与县内中小学校实现多层次、多形式的"馆校互动"，引导青少年学生了解渔洋文化和桓台历史，关注家乡文明建设。志愿服务活动既锻炼了景区讲解员的业务能力，提高了工作热情，也培养了一大批热爱家乡、热爱国学的渔洋文化传播小使者；而且通过志愿讲解服务，更多的人了解了王渔洋及其家族文化的内涵，了解了桓台的历史典故和人文资源，增强了家乡自豪感，为传递国学精神、弘扬和发展优秀传统文化创新了实践载体。

二、活动组织

（一）组织单位

王士禛纪念馆。

（二）活动宣传途径

通过电台、电视台及报刊等媒体做相关宣传。

三、参与对象

"品读渔洋文化　传承国学经典"小志愿者选拔面向县内中小学生，特别是热爱历史文化、学有余力的学生。鉴于王渔洋故里所在地的区位优势，目前集体活动以新城镇中小学生为主体，集中在小学高年级和初中。这些学生年龄8—14岁，多数学习成绩优异，兴趣爱好广泛，许多学生有写作、演讲、文艺等方面的特长。自2014年王渔洋故里景区成立小志愿者团队以来，王士禛纪念馆专业讲解员分组对小志愿者进行了培训，培训内容包括渔洋文化、普通话、礼仪形体、讲解技巧等多个方面。通过不断学习和实践，小志愿者们能够熟练地为父母亲朋、同学及游客义务讲解，并用诗词朗诵、歌舞表演、讲故事、出板报等多种形式宣传渔洋文化。

自小志愿者团队成立以来，王士禛纪念馆和新城中心学校依托景区载体和馆校互动，组织策划了小手拉大手走进渔洋故里、王渔洋文化专题讲座、渔洋文化故事演讲比赛、渔洋诗词朗诵比赛、首届渔洋文化节等主题活动，形式活泼，内容丰富，吸引了更多学生参与到小志愿者团队中来。

当地媒体对"品读渔洋文化 传承国学经典"志愿服务活动的报道

四、活动时间

　　每周日上午是小志愿者固定的活动时间，景区八名专业讲解员分别带领小志愿者进行小组化培训和志愿讲解服务。

　　每年清明节、国际博物馆日、文化遗产日等节假日和景区免费开放日期间，小志愿者们在学习之余轮流到景区进行义务讲解实践和志愿服务。

　　每年的儿童节、教师节、景区免费开放日，纪念馆与中心学校联合组织开展渔洋文化讲座、讲解比赛、国学诵读、渔洋文化节等系列活动，中小学师生广泛参与，热情很高。

五、活动内容

（一）小志愿者讲解员培训和义务讲解

　　选拔热爱国学文化、热爱家乡、热心公益的优秀中小学生到王渔洋故里景区进行王渔洋文化讲解专题培训，让孩子们比较熟练地掌握渔洋文化知识和一般讲解技巧，以便独立为游客讲解。

　　每年3月份，新城中心学校负责组织学生报名和选拔工作，与志愿者学生家长沟通并明确安全、交通等职责。王士禛纪念馆负责组织专业讲解员对小

王渔洋故里景区讲解员对小志愿者进行培训

小志愿者为游客义务讲解

志愿者进行讲解培训和实践指导，力争让每个小志愿者都能独立讲解，并利用清明节学生参观、国际博物馆日免费开放等时机适时安排小志愿者义务为游客讲解。

为保证志愿讲解的质量和服务效果，王士禛纪念馆定期对专业讲解员和小志愿者进行考核评比，对优秀者授予"志愿者服务之星"称号。

（二）小手拉大手走进渔洋故里

利用节假日邀请小志愿者家长跟学生一起走进王渔洋故里，听孩子们讲新城王家那些事儿。小志愿者家长们通过观摩孩子们的现场讲解，了解小志愿者的学习、培训和实践情况，并与景区工作人员一起就优秀传统文化传播与学生健康成长等主题进行座谈交流。

（三）王渔洋文化专题讲座

王士禛纪念馆专业研究和讲解人员走进新城中小学课堂，与广大师生共同探讨王渔洋及其家族文化的内涵，介绍近年来关于新城王氏家族教育和家风文化的最新研究成果，交流校园文化建设与传统文化教育方面的经验。

小手拉大手走进渔洋故里活动

渔洋文化专题讲座走进学校

（四）渔洋文化故事演讲比赛

为提高学生的国学素养，让学生更深刻全面地了解王渔洋及其家族文化，增强家乡自豪感，景区免费开放期间在王渔洋故居举办渔洋文化故事主题演讲比赛。参赛学生围绕王氏家族的历史、文学、仕宦、教育等方面内容自备演讲稿，走上舞台给自己的老师、同学和广大游客讲述渔洋文化故事。该活动创新了历史文化的传播方式，增强了趣味性，提高了传播效益。

渔洋文化故事演讲比赛

（五）渔洋诗词朗诵比赛

诗词是中华传统文化的精华。王渔洋作为清初诗坛领袖，其在中国文学史上最突出的成就是诗论创"神韵说"。为传播传统文化知识，我们组织开展了以学校师生为主体的渔洋诗词朗诵比赛，校与校、班与班之间在朗诵比赛中品读渔洋诗词，感受其神韵和魅力。

渔洋诗词朗诵比赛

（六）渔洋文化节

王渔洋故里景区与各中小学校良性互动，以王渔洋及其家族文化为主题举办渔洋文化节，推动特色校园文化建设。活动形式包括渔洋文化知识竞赛、

新城镇第一届渔洋文化节

忠勤祠石刻临帖比赛、新城王氏家规书签设计制作比赛、渔洋诗歌书法绘画比赛、渔洋文化主题手抄报和黑板报比赛等。各中小学校掀起了"学渔洋文化 品国学经典"的热潮。

（七）"家乡美景入眼来"

新城镇中小学校的"小小摄影家"走进王渔洋故里，拿起相机记录家乡的美景，传播家乡的文化。

（八）小志愿者参加全市文博讲解员比赛及中央媒体专题拍摄

2016年12月，在淄博市文博系统第六届讲解员比赛中，王渔洋故里景区的优秀小志愿者讲解员与全市文博系统50余名专业讲解员同台竞技，以出色的表现赢得了评委高度赞扬，成为赛场上一道亮丽的风景线。

王渔洋故里景区"品读渔洋文化　传承国学经典"活动，内容丰富，形式多样，学校师生参与度高，景区、学校、家庭都成为传播优秀传统文化的舞台。

小志愿者参加淄博市文博系统讲解员比赛

小志愿者参加中央媒体的现场拍摄

2015年6月1日，《中国纪检监察报》二版以图文结合的形式刊发了王渔洋故里志愿讲解员讲述王渔洋廉政故事的报道。2016年4月和10月，小志愿者们分别参加了中央纪委、监察部《中国传统中的家规》和中央电视台《记住乡愁》第三季的现场拍摄，在节目中讲述王渔洋廉政的故事，诵读新城王氏家规家训。专题片播出后引起了强烈的社会反响。

六、安全预案

为确保活动的长效性，景区制定了《小志愿者章程》，明确规定了小志愿者招募、责任、义务等事宜，并与学校、学生和家长分别签订安全责任书，制订集中培训和服务活动安全预案。几年来，各项活动均未发生过安全事故。

6

相约博物馆　体验汉文化

枣庄市博物馆

一、活动主题

（一）活动背景

为弘扬中华优秀传统文化，与圣贤为伍，与经典同行，让广大市民特别是青少年了解枣庄悠久灿烂的汉代文明和国学精粹，枣庄市博物馆精心策划了"相约博物馆　体验汉文化"系列活动。本活动始于衣冠，达于博远，让观众在穿着演练和学习互动中体验汉代文化的千年风雅和国学文化的巨大魅力。

（二）活动宗旨及意义

为培养青少年正确的历史观，让青少年了解枣庄地区汉文化的博大精深，在博物馆里成长，枣庄市博物馆举办了体验汉文化系列社会教育活动，吸引广大市民和青少年前来参观和体验。本活动一方面让观众通过实际演练亲身体会中国传统汉文化的风雅和乐趣；另一方面，能够让观众在学习、互动中感受国学文化的巨大魅力和汉代文化的华美典雅；同时，有利于营造全民关心并参与博物馆事业的良好社会氛围。

二、活动组织

（一）组织单位
枣庄市博物馆。

（二）活动宣传途径
通过博物馆官网、微信、报刊、宣传册页等媒介做相关宣传。

三、参与对象

本次活动主要面向广大青少年和亲子家庭，参与人员需对历史知识感兴趣或具备一定国学基础。

四、活动时间

（一）2015年5·18国际博物馆日

（二）2016年5·18国际博物馆日

媒体对枣庄市博物馆国际博物馆日活动的介绍

五、活动内容

（一）活动类别

体验类。

（二）活动准备

横幅8条，陈列展览宣传板6块，汉服（含头饰）80套，手工工具（卡纸、剪刀、固体胶、针线）若干，国学书籍80册，精美纪念品若干。

（三）活动步骤

1. 学习了解汉服的历史及款式。

2. 学习如何穿着汉服。

3. 学习汉文化基本礼仪，阅读国学经典书籍。

4. 结合传统节日，开展制作纸汉服等宣传相应文化的DIY活动。

5. 体验汉代古老的投壶游戏。

6. 讲解员带领观众着汉服参观体验。

（四）活动实施

1. 营造氛围，积极推广

活动前期，我馆积极策划方案，并向财政部门申请专项资金，精心购置了80余套汉服及配饰，还准备了相关的国学书籍和用具。

良好的宣传是活动得以实施的有力保障，我馆通过官方网站、微信、滚动大屏幕、宣传册页等多种形式，发布活动信息，多措并举，广泛发动公众前来参观和体验。为突出公益性质、保证活动效果，我馆还广泛招募志愿者，并与第三方积极合作，合力办好本活动。

2. 演练互动，有序开展

为保证活动有序进行，我馆进行了演练互动并对活动方案进行了完善，确保活动有序开展，安全温馨。

3.国学教育，重现经典

弘扬传统文化、发展国学教育是当今教育的重要课题。我馆通过联合第三方教育机构或聘请专业老师来馆授课的方式，为观众讲授国学知识，并开展读好书系列活动，重温经典与礼仪。

4.活动总结，效果评估

本活动通过"着汉服 学汉礼"来引起市民关注，其间开展国学教育、文物知识讲座，还结合传统节日举办丰富多彩的社会教育活动。该活动旨在继往圣绝学、扬时代新风，获得社会各界的一致好评。

着汉服，学汉礼，读经典

丰富多彩的汉文化体验活动

六、安全预案

　　为有效预防安全事故发生，确保在紧急事件发生时能够迅速采取正确和有效的措施，妥善处理并最大限度地减少危害和影响，保证文物和公众安全，枣庄市博物馆结合本馆实际，制定本预案。

（一）应急预案原则

坚持以人为本、预防为主、群防群治的方针，按照"统一指挥、分工负责、反应迅速、措施落实、安全有序"的原则，在市博物馆应急领导小组的统一指挥下，按照各自职责，实行分级管理和分级处置。

（二）应急机制

1. 建立由馆主要领导人任组长、副组长，各部室负责人为成员的应急领导小组，并明确各类突发事件的处置流程、工作职责和责任人。

2. 加强对员工的教育和培训，了解各类事件的应急处置流程，特别是安保人员必须熟悉各类消防和安（技）防设施系统的功能和使用方法，行政值班人员也应全面了解和掌握各类突发事件的应急处置流程，并对外来车辆和人员严格验证和登记。

（三）活动期间的应急措施

1. 发生火警时的处置

防火是安防工作的主要任务之一，要严格贯彻"预防为主，防消结合"的方针，做到防患于未然。安防人员应熟知消防器材的使用方法和所在的位置，熟悉和贯彻有关消防法规。一旦发生火灾，安防人员应做到：

（1）立即疏散参观者和活动组织人员，引导人们从各个出口安全撤到室外广场。

（2）立即启动警报并报告上级领导，与此同时积极自行组织扑救，若发现无法控制的重大险情，应立即拨打110向公安消防部门准确、全面地报警。

（3）报警的同时，要切断电源，转移易燃易爆等危险品以及贵重物品，启用灭火器材控制火势。

（4）维护好现场秩序，保证消防车辆和抢救通道畅通；看管好抢救出的贵重物品，防止坏人趁火打劫；疏散危险区群众，保证消防人员顺利灭火。

2. 遇到犯罪嫌疑人进行盗窃和抢劫时的处置

安防人员在执勤和巡逻时，要保持高度警惕，随时注意发现可疑人和可疑情况；对可疑人要进行盘查，如果疑点不能排除，应将可疑人带往公安机关处理，途中要时刻防止可疑人逃跑或行凶。

3. 现场发生秩序混乱情况时的处置

活动现场如发生秩序混乱、现场失控等情况时，现场工作人员要做到：

（1）迅速报告上级领导并调集其他科室人员维持秩序。

（2）找到各个活动的分管负责人调查原因，如因争抢纪念品等发生混乱情况，应立即停止发放并及时向观众说明情况，要求大家有秩序地领取。

（3）对于大声喧哗、现场争吵的不文明观众要加以劝阻。

（4）现场如发生打架斗殴情况，工作人员应及时劝阻斗殴双方缓解矛盾，离开现场；如能认定属违反治安管理行为或犯罪行为，应及时报告公安机关，或将行为人移送至公安机关处理。

（5）说服、劝导围观群众离开打架现场；提高警惕，防止有人利用混乱之机进行破坏活动或偷拿财物。

（6）由专人看管衣物，每人负责10套服饰，活动后应及时收回，避免观众带走。

发生其他安全事件时，工作人员要沉着应对，根据实际情况选择报警或自行处理，并及时向领导汇报，最大限度地保证文物安全和群众的生命财产安全。

7

青少年趣味课堂

烟台市博物馆

一、活动主题

（一）活动背景

近年来，烟台市博物馆紧跟文化教育创新步伐，与教育系统深入合作，积极探索，开拓创新，打造了一批高雅健康、层次多样、趣味浓厚、意义深刻的青少年趣味课堂活动，充分发挥了青少年第二课堂和社会实践场馆的作用，培养了青少年的社会责任感、创新精神和实践能力，丰富了莘莘学子的校外文化生活，在传承祖国优秀历史文化、培育和弘扬民族精神方面发挥了重要作用。

自2011年新馆开馆以来，为推动文化的发展繁荣，全方面构建公共文化服务体系，烟台市博物馆推出了大批精品展览和青少年活动，吸引了数十万观众参观。据初步统计，2012年青少年参观人数占参观总人数的35%左右。2012年6月，青少年活动中心尝试开办了第一次学生假期趣味课堂。2013年，趣味课堂活动达到10余种，参加活动的师生、家长近万人。2014年，趣味课堂预约机制成熟，网络宣传推广力度加大，活动突破30种。2015年，随着"烟台市首届暑期'社会基地群·实践大课堂'公益性场馆联合开放月活动"的开展，烟台市博物馆被纳入首批"市级未成年人校外活动场所"名单，暑期访问的青少年观众人数已超过博物馆承载量的上限。在这段时间里，青少年趣味活动每星期都在5次以上，报名人数场场爆满。

据统计，2015年烟台市博物馆国内观众达到60.1万人次，未成年人观众高达41万人次。如此庞大的参观群体为青少年趣味课堂的开展奠定了坚实的基础，青少年趣味课堂已经从简单的亲子活动发展到预约机制成熟、体验群众稳定、活动质量不断提高的局面。

（二）活动意义

青少年趣味课堂活动作为烟台市博物馆的一次大胆尝试，为该馆所承担的"完善博物馆青少年教育功能试点"课题项目研究提供了丰富的素材资源和分析数据，进一步推动了我省青少年教育事业的发展。

二、活动组织

（一）组织单位

烟台市博物馆。

（二）活动宣传途径

近年来，青少年活动中心认真落实趣味课堂的宣传推广计划，从文博工作整体着眼，把握青少年社会教育主线，借助网络媒体、报刊、自媒体平台等向社会发布活动信息，深入跟踪报道，及时掌握家长和参与者的反馈情况。宣传推广的深入让青少年趣味课堂在烟台市乃至周边地区赢得了较高关注度，吸引了教育部门的关注，成功将活动纳入博物馆教育范畴。

借助自媒体优势，青少年趣味课堂在博物馆官网、微信、广告机上提前公布活动时间、地点和项目等信息，家长、师生可以采取网络留言、电话预约、现场登记等多种形式报名参加。同时，烟台市博物馆创办的《胶东文博》为趣味课堂参与者提供了一个展示自我的投稿平台，鼓励青少年在互动栏目抒发活动感想、体验心得和文保建议。《胶东文博》专题投稿已逐步构建起趣味课堂的参与反馈及评价机制，大大提高了青少年参加活动的热情。

《胶东文博》刊发的烟台市博物馆青少年趣味课堂活动信息及相关稿件

三、参与对象

烟台市博物馆趣味课堂定期组织青少年开展趣味活动（活动内容不同，针对的青少年年龄段不同），每次活动人数为20—150人，家长可与孩子共同参与。目前参与总人数近5万。

四、活动时间

自2012年开始，每逢周末及节假日，烟台市博物馆都会推出适合不同年龄段青少年参与的活动，平均一周4次，每次持续时间为2—3个小时。

五、活动内容

（一）活动准备

青少年趣味课堂是烟台市博物馆青少年社会实践基地的重要组成部分，是该馆立足馆藏资源、充分发挥社会教育职能、探索创新社会服务新模式的重要成果。趣味课堂由青少年活动中心策划举办，活动项目有40余种，包括拓片制作、考古模拟发掘、陶器修复等文博类互动活动，年画、灯笼、中国结、脸谱、剪纸、面塑、团扇、彩绘风筝等民俗类手工活动，立体拼图、热缩片、数字油画等益智类实践活动，手工笔筒、节日贺卡、立体插画、相册、手机壳等生活类亲子活动。

2016年，烟台市博物馆和文广新局网站发布青少年趣味课堂活动信息近200条，省文博网、胶东在线、水母网、大众网等各大网站累计发布信息50余条，烟台电视台、烟台广播电台的宣传超过20次。各大媒体的有力支持使得烟台市博物馆青少年教育活动在社会上产生了较大反响。

（二）活动实施

1. 重视传承优秀传统文化

萃取文明精华、传承优秀文化是博物馆的光荣使命。青少年趣味课堂精选与优秀传统文化相关的活动题材，目的之一便是鲜活地再现中华民族血脉相连的文化基因，帮助青少年吸收优秀文化的精髓，增强对祖国传统文化的认同感。

中国年画是一种传统民间艺术，表现内容喜庆吉祥，题材范围广泛，广受中国老百姓欢迎，张贴年画甚至成为中国民间逢年过节必不可少的内容。春节期间，烟台市博物馆青少年趣味课堂举办"画年画，迎新春"活动，参与者通过动手制作自己喜爱的年画，加深了对年画的文化内涵的理解。

春节相册DIY活动

"画年画 迎新春"彩绘年画活动走进SOS儿童村

手工笔筒制作活动

"新年的味道——剪窗花"活动

中秋节是中国传统的民俗节日，民间有关中秋节的传说及习俗很多，除了吃月饼、赏月之外，赏花灯也是一项非常传统的活动。中秋佳节前后，烟台市博物馆趣味课堂会举办灯笼DIY活动。活动期间，工作人员为小朋友讲解中秋节的起源和习俗，引导他们动手制作灯笼，在实践中感受中华传统文化的魅力。

每年的端午节，家家户户包粽子、吃粽子成了不可或缺的民间习俗。考虑到青少年的动手能力和现场实施条件，烟台市博物馆组织青少年开展"五彩香囊粽"手工活动，学习制作粽子形状的香囊，引导孩子们在展示自己的手工能力的同时，为家人送上一份自制的节日礼物。

2. 重视培养青少年的文物保护意识

文物保护需要全民参与，青少年更是国家文保工作的未来和希望。烟台市博物馆青少年趣味课堂立足馆藏资源，结合活动形式，寻找与文物息息相关的题材，让青少年在参与活动的同时，逐步树立起文物保护意识，激发青少年文物保护的责任感和使命感。

拓片制作是我国一项古老的传统技艺。使用宣纸和墨汁，将碑文、器皿上的文字或图案清晰地拷贝出来，能够让青少年了解碑刻、书法、拓片等传统技艺，感受祖国文物的博大精深，并树立对碑刻文物的保护意识。

陶器修复体验也很受青少年的青睐。参与活动的青少年通过修复专家的示范，体验陶器从碎片到黏合、修复的制作过程。烟台市博物馆青少年活动中心还专为小朋友推出了陶器制作、彩绘两项活动。小朋友们可以自己设计，在白色陶坯上施彩做画，直到制成自己喜欢的陶器艺术品。

"童年相伴 放飞梦想"画风筝活动

"清凉一夏 彩绘团扇"活动

孩子们在陶器修复现场参加活动

3. 重视与其他品牌活动的穿插配合

近年来，为了贯彻习近平总书记"让文物活起来"的重要指示精神，烟台市博物馆深入挖掘馆藏资源内涵，推出"烟台历史文化讲堂"和"国宝系列巡展"等多项特色活动，同时采取走出去和引进来的双向策略，灵活办展，交流展涉足全国二十几个省市。

烟台市博物馆青少年趣味课堂紧紧把握品牌效应，在举办重大品牌活动和重要精品展览的同时，加大创新力度，适时推出相关专题活动。例如，在举办"龙在山东"烟台历史文化讲堂期间，趣味课堂将恐龙模拟发掘活动送进道恕街小学、建昌街小学、南山路小学、西牟小学等多所学校。在国宝巡展进校园活动期间，为丰富学生校园生活、让学生不出校园便能零距离体验趣味文化活动，青少年活动中心将趣味课堂多次送进学校和幼儿培训机构。手工实践与讲堂知识的结合，充分调动了学生学习和探索课外知识的积极性。

在举办"蝶舞翩跹——名蝶精粹与蝶文化展"期间，青少年活动中心推出了"蝶舞彩扇"手工活动，小朋友们可在参观之余自由发挥想象，与工作人员一起制作精美的蝴蝶扇。在2016年第11个"文化遗产日"，青少年趣味课堂配合"记忆里

"蝶舞彩扇"手工活动

的乡土中国——李卫国捐赠杨洛书藏杨家埠年画及刻版展"的举办，推出了各式各样的年画体验活动，同时邀请杨氏年画传人在趣味课堂上现场示范。

4. 重视创客理念在活动中的运用

创客空间和教育活动的开发不直接教授知识，但重视引导学生运用多学科知识开展实践活动。烟台市博物馆趣味课堂活动的开发在一定程度上体现了创客理念。比如软陶制造，活动中心为学生提供的仅仅是陶坯、配色模块、工具刀、滚筒、剔签等材料，参与者完全依靠个人喜好、想象对陶坯的外形进行创造、配色、整修。整个活动更加重视培养青少年的创造力和空间想象力。趣味课堂工作人员将进一步学习创客理念，结合学生课堂知识开发创客教具，为青少年教育活动提供真实的创客空间，以进一步提高观众参观博物馆的积极性，引导青少年趣味课堂向更现代更新潮的发展领域迈进。

8

海岱大课堂

青州市博物馆

一、活动主题

（一）活动背景

　　"海岱大课堂"依托青州历史文化和馆藏文物，以"探海岱雄风，品青州文化"为主题，针对8—21岁的青少年群体，开展"我是青州小主人"古迹行走、博物馆假期"爱的温度"、欢乐中国节"博物馆里过大年"、"寻源问道"非遗传承等一系列社教活动。以寓教于乐、灵活多样的教育方式，让青少年在轻松愉悦的氛围中深切感受青州厚重的历史文化魅力，了解展览内涵，知晓文物背后的故事，获得美好的博物馆感受，同时也拉近观众与博物馆的距离，从而实现博物馆的公共教育职能。

（二）活动宗旨及意义

让青少年更多了解青州的历史文化和中华优秀传统文化，增强文化认同感、民族自信心和自豪感；开展"三下乡"和"五进"活动，拉近观众与博物馆的距离，让更多的人爱上博物馆。

二、活动组织

（一）组织单位

青州市博物馆。

（二）活动宣传途径

活动之前在博物馆官网、微博、微信公众号等平台上发布活动信息并制作宣传海报，大型活动在电视台、各类报刊上做推广宣传，其余的专项活动则

中国文明网对青州市博物馆"海岱大课堂"活动的报道

大众网对青州市博物馆"海岱大课堂"活动的报道

与各学校、企业等联合举办。活动过程中，电视台和报刊的记者前来采访并进行及时报道，活动结束后由青州市博物馆的工作人员撰写活动总结并发布在官网和微信公众号等平台上，同时推送给各大文博、新闻类网站。

三、参与对象

以8—21岁青少年为主。

四、活动时间

以国家法定节假日为活动举办的主要时间段，按活动类型的不同分为每周一次或每月两次。

五、活动内容

（一）活动步骤

1. "我是青州小主人"古迹行走系列：带领青少年行走青州众多文物古迹，引导他们感受青州厚重的历史文化魅力，增强热爱家乡、热爱祖国的情怀，增强民族自豪感，培养主人翁精神，充分发挥博物馆爱国主义教育基地的作用，使博物馆真正成为青少年教育的"第二课堂"。

2. 博物馆假期"爱的温度"系列：在端午节、中秋节、暑假、寒假等节假日开展社会教育活动，弘扬中华优秀传统文化，让青少年更加了解传统习俗，学会感恩，升华对人生和社会的认识，改善生活品质，感受爱的温度。

3. 欢乐中国节"博物馆里过大年"系列：春节期间在博物馆举办过大年系列活动，吸引更多的民众走进博物馆过大年，使他们既享受节日气氛又学习传统文化知识，还能培养走进博物馆的生活习惯。

4. "寻源问道"非遗传承系列：非物质文化遗产是我们了解历史、传承文明的连接点。开展非遗传承系列活动，不仅能为青少年带来有趣的体验，而且能使博物馆成为弘扬传统民俗的良好平台。

（二）活动实施

1. "我是青州小主人"系列之行走古街

活动简介：

"海岱惟青州。"在青州，往往随便走进一个地方，都会探访出一段悠远神秘的历史故事。正所谓"建筑，是一种凝固的历史"，几千年的文明传承给青州城留下了无数的珍贵遗存。作为青州古城的遗迹之一，古街无疑是这座历史文化名城的最好见证。

为了让青州的小小主人翁了解家乡的发展变迁，青州市博物馆组织青少

在古街听山东大鼓

在范公亭开展读书活动

年学生走进古文化街区，亲身感受那曾经的热闹繁华，一起穿越回400多年前的青州，领略古街的风采。

活动主题：

"我是青州小主人"系列之行走古街。

活动目的：

让越来越多的青少年依托博物馆这个平台，了解家乡的历史文化和发展变迁，培养其对青州历史、家乡文化的兴趣，树立主人翁意识，成为名副其实的"青州小主人"。

活动流程：

（1）通过博物馆官网、电视、报刊等媒介发布活动预告，组织学生。

（2）早8时30分，在博物馆门口集合，统一乘坐大巴车。

（3）由宣教科组织讲解员简要介绍青州历史。

（4）9时由讲解员带队前往北关街、北门街、偶园街、东关街四条古街参观游览，合影留念。

（5）游览参观结束后回到博物馆，进行活动总结和问卷调查。

2. 博物馆假期"爱的温度"系列

端午节

活动简介：

"五月五，是端阳。门插艾，香满堂。吃粽子，洒白糖。龙舟下水喜洋洋。"端午来到，粽子飘香，过端午节是中国人两千多年来不变的传统习俗。为做好世界文化遗产日的宣传、弘扬中华优秀传统文化，青州市博物馆组织青少年学生同博物馆的人员一起品历史，叙端午，通过扎龙舟、唱歌谣、做游戏等文化主题活动分享节日快乐。

活动主题：

传承文化遗产，共度浓情端午。

活动内容：

（1）"快乐问答"：到活动场地领取端午节知识问答题，答对即可获得奖品。问题包括端午节历史、诗歌、歌谣等。

（2）"巧做龙舟"：领取龙舟制作包，现场制作并手绘龙舟。

（3）"夹弹珠大赛"：分组进行，每组选2名学生参赛。参赛者各持1双筷子、1个小碗，计时1分钟，选手开始夹弹珠。时间到，工作人员宣布结束并检查各碗中弹珠数目，数目多者获胜。

制作艾叶香囊

中秋节

活动背景：

每年农历八月十五是传统的中秋佳节。在中国的农历里，一年分为四季，每季又分为孟、仲、季三个部分，因而中秋也称仲秋。八月十五的月亮比其他几个月的满月更圆更明亮，所以中秋节又叫作"月夕""八月节"。此夜，人们仰望天空如玉如盘的朗朗明月，自然期盼家人团聚。远在他乡的游子，也借此寄托自己对故乡和亲人的思念之情。所以，中秋节又称"团圆节"。

我国古代就有"秋暮夕月"的习俗，"夕月"即祭拜月神。到了周代，每逢中秋夜都要举行迎寒和祭月活动。这天人们会设大香案，摆上月饼、西瓜、苹果、红枣、李子、葡萄等祭品，其中月饼和西瓜是绝对不能少的，西瓜还要切成莲花状。在月下，人们将月亮神像放在月亮所在的方向，红烛高照，全家人依次祭拜月神，然后由当家主妇切开团圆月饼。切时算好全家多少人，家里的、外地的都要算在一起，不能切多也不能切少，而且大小也要一样。

中秋的习俗有很多，但主要是赏月和吃月饼。这次活动从了解中秋节的传统习俗入手，共设置三个活动环节。

活动主题：

秋暮夕月，你我共中秋。

活动目的：

传播节日文化，共度中秋佳节。

活动对象：

广大游客（因活动场地限制不接受旅行社及大型团体参加）。

活动内容：

（1）话中秋赢月饼：中秋知识问答，内容包括中秋节的来历、传承及习俗等相关知识，答对者即可赢得月饼。

（2）中秋诗会：背诵或填充与中秋、月亮有关的诗词，完全正确的即可赢得鲜花一束。

（3）中秋寄语送祝福：设置中秋心愿墙，游客朋友可在上面写下自己的美好祝福。若祝福语中带有中、秋、月、亮、团、圆等字眼或谐音且比较有创意，我们将赠送精美明信片。

元旦

活动简介：

现代博物馆的教育注重"寓教于乐"，在轻松愉悦的环境中潜移默化地提升公民的素质。基于这一目的，我们组织开展了适合学生群体参与的"奔跑吧，博物馆里大寻宝"活动。该活动为孩子们提供了寻宝游戏包，里面包含任务卡及所寻找文物的相关信息和图片。孩子们依据信息找到相关文物后，把这件文物介绍给三组游客朋友听，并留下他们的评价，最后再去寻找博物馆内隐藏的问题卡，回答问题得到印章，寻宝任务即告结束。

活动主题：

跨越时空的对话，青州市博物馆寻宝大挑战。

活动目的：

让孩子们运用所有的感官（脑、心、眼、耳、手等），在趣味性的活动中得到一种文化和精神上的享受与满足。

活动对象：

10岁以上小学生或初中生。

活动流程：

（1）将小朋友们分成4个小队，5人一队。

（2）发放任务卡。

（3）寻宝。

第一步：寻找失散队友。小朋友们进行抽签，依据抽签提示破译信息，到各个展厅寻找自己的队友。找到队友后一起回到出发地领取队伍名牌。队伍名称分别为考古队、清照队、状元队、八旗队。

第二步：寻找任务卡中的文物。小朋友们依据文字提示找到文物，为在场的游客讲解，并留下他们的文字评价。

第三步：寻找隐藏在博物馆中的问题卡并答题。博物馆里藏有12个问题，每支队伍找到属于自己的题目并给出答案，回到出发地核对答案，回答正确的即可获得印章一枚。每队集齐三枚印章，寻宝任务即告结束。

（4）寻宝点评及结语。对本次活动做出总结，与孩子们交流并做问卷调查。

（5）发放纪念品。寻宝正确并且完成最快的一组将获得精美剪纸一份

（每人一份），其余人员发放玩偶圆珠笔。

活动注意事项：

注意保护参与人员的人身安全以及博物馆馆藏文物和展柜的安全；加强团队协作以保证活动顺利实施。

3. 欢乐中国节"博物馆里过大年"系列

火猴闹新春，年俗大聚会

活动主题：

火猴闹新春，年俗大聚会——博物馆里过大年。

活动目的：

吸引更多的民众走进博物馆过大年，享受节日气氛的同时学习传统文化知识，进而培养走进博物馆的生活习惯。

宣传方式：

1. 海报宣传。

2. 网站、微信宣传。

活动内容：

"羊歌盛世方报捷，猴舞新春又呈祥。"猴年新春到来之际，青州市博物馆组织开展的"博物馆里过大年"活动热闹开场。

（1）画年画。我们准备了一批对脸的色线对照年画，一边是全色，一边是线稿，小朋友们可以对照全色的年画画上自己喜欢的颜色。在游客中心的电视屏幕上，我们制作的年画视频资料及文字图片资料滚动播放，反响热烈。

（2）写春联、接对联。猴年春联大集锦，博物馆出联学生猜，猜对即可获得过门钱、窗花、福字等春节礼品，还可以把自己喜欢的春联写下来做展示或带回家。

（3）挂灯笼。

纸杯灯笼DIY：用彩色纸杯加上自己的创意，制作小巧玲珑的灯笼，作为送给自己的节日专属礼物。

动物灯笼制作：用准备好的材料在灯笼上贴出自己心仪的卡通动物形象；依据提示制作福猴宫灯，为猴年增添吉祥。

手绘心愿灯笼：拿起自己手中的画笔，在灯笼上绘制出对祖国、亲人、朋友的新春祝福以及对新年的美好愿望。

猜灯谜

（4）猜灯谜。上元结彩——挂灯笼，猜灯谜：灯谜内容涉及传统文化、文博知识、生活常识、年节习俗等。猜对灯谜者赠送精美礼品，属相为猴的前10位游客将获得神秘大奖。

（5）做元宵。买元宵、吃元宵虽是多年来的节日习俗，但许多人从未亲手做过元宵。为增添节日的乐趣，青州市博物馆准备了做元宵所用的一切原料，大家一起动手做元宵，共同为节日送上美好的祝福。

模里乾坤——青州市博物馆磕花饽饽手工制作

活动简介：

在山东年俗食品中面食是重要的角色，像水饺、馒头以及花饽饽等，其中胶东特有的民间面食花饽饽具有很强的艺术性。这种用俗称的"磕子"模具

学做磕花饽饽

做出的面食更近似于浮雕艺术，是千百年来山东人民创造并享受的饮食文化，是民众智慧的结晶。胶东的花饽饽，无论造型还是构图都有一种和黄土地一样的粗犷美、朴实美。做花饽饽的群众从生活中汲取灵感，从自然中获取素材。经代代传承发展，到目前为止，花饽饽已达数百种。

磕花饽饽制作方式新颖活泼，学生们十分喜爱。通过这种教学不仅能让学生学会制作花饽饽，还能培养他们的动手能力、想象能力和创造性思维能力，让学生在体验传统民俗文化的同时，认识到不同的人文环境、不同的文化背景能够孕育出不同的饮食文化及艺术风格。

活动主题：

感受自然，学习生活——过大年，手工制作磕花饽饽。

活动目的：

感受磕花饽饽的特点，初步了解磕花饽饽的艺术风格，增强学生对民间工艺美术的兴趣，培养学生热爱乡土文化、学习乡土文化、保护和发扬乡土文化的意识。

活动对象：

小学生。

活动安排：

（1）举办《山东饽饽磕子和磕花饽饽的故事》讲座。

（2）参与磕花饽饽制作。

（3）活动总结。

活动注意事项：

注意保护参与人员的人身安全以及用电安全。

4. "寻源问道"非遗传承系列

探访青州古村落，寻梦美丽黄鹿井

活动简介：

在青州市庙子镇，距离牛角岭2千米、泰和山10千米处，坐落着一个山乡

走进黄鹿井

古村——黄鹿井。

黄鹿井村拥有保存完好的青山头大小10余个，村中央完好保存着古村落以及古石板路500多米、古围子墙200多米、古大门楼10多个。村里有清朝举人李良栋的故居和李氏祠堂，有康熙三十七年修建的关帝庙遗址，有流传着美丽传说的带有37道绳痕的古井，有保存完好的清朝三老奶奶的贞节牌坊。

古朴的村落老建筑掩映在青山秀水之中，古老的青石板路诉说着古井的美丽……这里的古宅、古道、古井、古树都透露着浓浓的古韵古风，是研究青州地方古村落建筑的好去处。本次活动与山东师范大学历山学院读书会合作，聘请庄明军同志为老师，共同学习和研究青州的古村落文化。

活动目的：

联合大学校园师生，通过行走古村落、读书会的方式，进一步加强馆校合作职能，实现博物馆社会教育的多样化，加大博物馆的社会影响力。

活动对象：

山东师范大学历山学院读书会学生。

活动宣传：

在博物馆官网、微信平台上发布活动信息。

活动流程：

（1）联系山东师范大学历山学院读书会负责人组织20名读书会学生。

（2）活动当天的早8时30分，在青州市博物馆门口集合，统一乘坐大巴车。

（3）由宣教科人员负责组织、协调。

（4）聘请文管科庄明军科长担任学术指导老师。

（5）活动结束后回到博物馆集合，进行活动总结和问卷调查。

活动注意事项：

负责活动安全工作的人员及时到位，确保活动安全有序地进行。

瓷说茶语，感恩有你——2017青博雅集之研习"无我感恩茶礼"

活动简介：

"无我感恩茶礼"的程序是：大家围坐成一圈，彼此鞠躬致礼，继而以静坐来净心，让心中生起感恩、诚敬之意，再各自净器温杯，静静地、恭敬地沏茶，分酌两杯，先敬左右，互敬一圈为一轮，然后念诵《感恩词》，一起喝茶。

此茶礼倡导感恩文化：沏一杯茶，要先敬献给别人，当你敬献给别人的时候，别人也会给你回报，其实这也是做人的基本道理。在"无我感恩茶礼"中，虽然泡的两杯茶都献给了左右的人，自己却同时收到左右赠送的茶，寄寓着"天道无亲，常与善人"之意。敬过茶之后，怀着感恩之心，静静地喝茶，然后鞠躬

闻香识茶长见识

致礼，自由地敬茶、品茶、交流，无我感恩之礼也就在温馨话语中不断交融与传递。

活动目的：

希望人们通过"无我感恩茶礼"懂得感恩，改善生活与生命的品质，充分了解茶礼仪规。

活动流程：

（1）介绍馆藏元代青花压手杯、清代及民国彩瓷茶具方面的知识，简述古代饮茶史。

（2）将参加人员分成两个小组，分别围坐在一起。

（3）邀请茶艺老师讲解茶艺并演示。

（4）按照茶礼仪规，实施"无我感恩茶礼"。

（5）礼成，进行活动交流。

"无我感恩茶礼"的基本仪规：

3—5人一组，按年龄之别围坐于最年长者两边。每人各自沏茶，分酌两杯，敬左右同座。一般由年龄最幼者依逆时针方向开始敬茶，对方接茶，饮下后还杯。第二位接着向右传，程序同前。

沏茶程序：（1）摆放茶具；（2）洗杯；（3）放入茶叶；（4）洗茶；（5）沏茶；（6）倒茶；（7）分茶；（8）敬茶。

通过沏茶、敬茶，了解茶礼。布置场地，摆放茶器，煮水倒水，静候茶汤，敬茶，念诵，喝茶……细细感受绵软的茶汤在口腔中滑动，含英咀华。满怀欢喜地泡一杯好茶，专心致志地喝一杯好茶，懂得"有缘有恩"的美妙与欢喜，并将感恩传下去。

"我是青州小主人"之探秘龙兴寺

活动简介：

历史充满故事，发现历史的过程更有戏剧性的故事。

1996年10月，原益都师范学校修建操场，在施工工地上，轰鸣的推土机

探秘龙兴寺

推走一层土后竟推出了佛像。青州佛像窖藏随着这次偶然的发现被开启了——窖藏东西长8.6米，南北宽6.7米。抢救性的青州佛像考古挖掘工作迅速展开。

经修复和拼对，佛像的总数达到400余尊，其中以北齐时期的石造像最多，有佛、菩萨、弟子、罗汉、飞天、供养人等多种题材。造像的工艺有浮雕、镂雕、线刻、贴金、彩绘等多种，造型生动，线条流畅，具有极高的艺术水准。

400余尊佛像，这是一个令人惊讶的数字！一个面积只有50多平方米、深度不到3米的窖藏坑内，为什么会埋藏着如此多的佛像呢？为什么绝大多数佛像已被严重毁坏，甚至还有火烧的痕迹和修复的痕迹呢？

青州，地处山东半岛，曾经是中国古代九州之一，历史渊源可以追溯到7000年前。今天的青州，许多留存的遗迹仍在默默地讲述着这座古城往昔的辉煌。青州佛像的出土又将开启哪些来自遥远历史的秘密呢？开展"探秘龙兴寺"活动就是为了追随历史的脚步去探寻这些未知的答案。

活动目的：

青州古代佛教文化底蕴深厚，传承久远。此次推出"探秘龙兴寺"活动旨在让更多的小朋友了解家乡的宗教文化遗存状况，认识有关佛教文化的相关知识和仪规，感知佛造像的艺术魅力。

活动对象：

10岁以上学生。

活动流程：

（1）参观龙兴寺，听取与佛教相关的基本常识及礼佛仪规等知识的讲解。

（2）参观龙兴寺遗址公园，听取讲解员介绍龙兴寺造像当年出土、发掘及保护的情况，听取有关龙兴寺的历史变迁等情况介绍。

（3）由讲解员带领观赏龙兴寺佛教造像的风采。

（4）观看央视《国宝档案》栏目介绍龙兴寺情况的视频。

活动注意事项：

联系车辆，制定活动安全预案。

六、安全预案

负责活动安全工作的人员及时到位，确保活动安全有序进行。

9

同在阳光下
——济宁市博物馆与济宁市特殊教育学校携手共建活动

济宁市博物馆

一、活动主题

（一）活动背景

"同在阳光下——济宁市博物馆与济宁市特殊教育学校携手共建"活动是济宁市博物馆作为社会公共文化服务机构和重要的爱国主义教育实践基地，通过自身特殊的资源优势，为开展面向特殊群体的多样化文化服务建立常态化合作机制的一个尝试。据不完全统计，我国目前有70多万孤残儿童，这些特殊的孩子在物质生活与文化教育方面双重匮乏。尽管与普通城镇儿童在生存教育方面存在显著差异，但是这些孩子同样是祖国美丽的花朵，也肩负着国家的未来和希望，也应该拥有一个快乐的童年和一个充满爱的世界。让特殊儿童享有同等甚至更多的社会资源和学习机会，是全社会共同的心愿和责任。博物馆体现了国家文化事业的发展成果，是提供社会公共服务和教育的主要场所，理应向这些孩子张开怀抱。

济宁市博物馆在工作中一直注重特殊群体的社会教育工作，让他们能像普通学生一样体验博物馆的多姿文化，让博物馆成为他们感受社会关爱、寻找自信阳光的理想场所。面对社会上愈演愈烈的"公益秀"现状，该馆坚持开展有态度、负责任的博物馆公益活动。

（二）活动宗旨及意义

济宁市博物馆立足"以人为本、文化惠民"的办馆方向，积极践行"三贴近"要求，在开展社教活动之初，就将特殊未成年人群体作为重点服务对象，特别是针对全市的特殊教育学生开展了一系列集参观、娱乐、体验和学习于一体的精准化教育实践活动。济宁市博物馆为济宁市特殊教育学校学生开展服务伊始，就充分考虑到可能出现的安全、沟通等方面的问题，对馆内各项无障碍设施进行了

济宁市博物馆、市特教学校携手为特教孩子送节日礼物

2016年06月02日 10:59
来源：齐鲁壹点

原标题：济宁市博物馆、市特教学校携手为特教孩子送节日礼物

6月1日，济宁市博物馆承办的两个大型展览迎来120名特教学校的学生，《大河上下·黄河流域史前陶器展》和《空灵之约·中国香文化展》深深地吸引着这些孩子们。参观陶器展时，主办方还邀请孩子现场制作陶艺。在济宁市博物馆、市特教学校等机构携手为这群孩子们奉献一道精美的节日文化大餐。

精彩文艺演出，感谢贴心的叔叔、阿姨

6月1日早上，两辆大巴缓缓开进济宁市博物馆的大门。10多名博物馆的讲解员、工作人员以及20余位济宁市义工联盟的志愿者们早已在门外等候。

"这是特教学校的学生，他们有的视力不好，有的听力不好，孩子们的安全是首要问题。我们在门外等着，扶他们下车。"一位博物馆的工作人员说。车门打开，讲解员和志愿者们一个接着一个地扶着学生们下车。

看到叔叔、阿姨们如此关心自己，特教学校的学生们深受感动，他们首先来到博物馆的多功能厅，为叔叔、阿姨们献上了一场简单又不失精彩的文艺演出。

参观的120个孩子中，虽然被剥夺视力，或被剥夺走听力，但社会各界不忘赋予一些美好的东西给他们。清脆的歌声、悠扬的葫芦丝、流利的古文朗诵，孩子们用他们特有的方式表达感激之情。

他们心灵手巧，陶土变成可爱小动物

凤凰网对"同在阳光下"系列活动的报道

《齐鲁晚报》对"同在阳光下"系列活动的报道

完善，设置了残疾人绿色通道，对洗手间、指示牌等进行了改造，增加了轮椅等服务设施。几年来，不仅对所有宣讲老师培训手语，还专门邀请济宁特教学校手语老师来到济宁学院文化传播系，现场招募学生成立"助残志愿者小队"，对他们开展手语技能、文物知识和心理辅导等方面的培训，以便更好地和学生们交流，更贴心地为学生们服务。市博物馆还送流动博物馆到特殊教育学校，并与相关部门联合，邀请特殊孩子走进博物馆，共享公共文化服务资源，感受博物馆的无穷魅力和社会的温暖关爱。该馆举办了一系列针对特殊学生的活动，比如触摸铁炮和古代建筑、体验制作陶器、学写毛笔字、体验拓碑等。该馆还联合市特殊教育学校编写了盲文版和大字版校本课程，让孩子们通过学习、欣赏与想象，自己勾勒出一幅幅那个时代生动的生产生活场景。

二、活动组织

（一）组织单位
济宁市博物馆。

（二）活动宣传途径
通过博物馆官网、微信公众号、报刊等媒体发布活动信息并将活动实况广为宣传。

三、参与对象

济宁市特殊教育学校师生、任城区聋哑学校师生、济宁市职业技术学院志愿者、济宁学院志愿者、济宁市十三中优秀学生代表、济宁市义工联盟成员、济宁市金宝贝幼教集团师生等。

四、活动时间

济宁市博物馆每年都举办4—10次"同在阳光下——济宁市博物馆与济宁市特殊教育学校携手共建"活动。济宁市特殊教育学校每周都安排固定课时进行盲文教材教学。

五、活动内容

（一）活动类别
体验类、参与类。

（二）活动步骤

1. 一起来"陶"吧——2016年六一儿童节活动。

2. 触摸历史，与文物交流——国际博物馆日活动。

3. 同在蓝天下——2015年中国文化遗产日拓碑体验活动。

4. 2016年6月首创全国博物馆社教品牌——分众化盲文特殊教育活动项目，即博物馆与特殊教育学校共同编写的《孔孟之乡　运河之都传统文化——博物馆教育实践课程》。

（三）活动实施

1. 一起来"陶"吧——2016年六一儿童节活动，针对的是听障孩子。活动流程是：

（1）馆内参观。博物馆宣讲老师为孩子们提供讲解。参观过程中，义工们时刻引领着孩子。

（2）陶艺体验。参观结束，孩子们被带到展厅的一角，围坐在一起，听金宝贝陶艺老师讲解陶艺知识。陶艺老师根据这些孩子的特殊性，特意制作了适合他们看的幻灯片。宣讲老师用手语向孩子们做着解释。经过老师的指导，

手语老师协助讲课

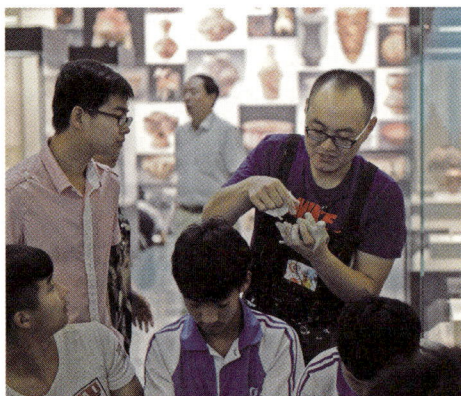

陶艺老师讲解陶艺知识

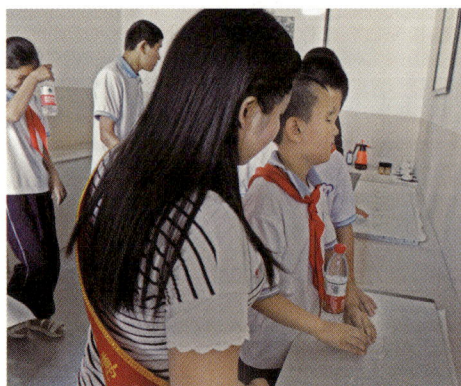

帮助视障孩子触摸碑刻

软软的陶土很快在孩子们手里变幻出各种各样的形状，诸如精致的小花、温馨的雪人、传神的小动物等。

（3）赠送书籍。博物馆送给每个孩子一套《汉碑汉画像上的故事》，希望能够丰富孩子们的文化生活。

2. 触摸历史，与文物交流——国际博物馆日活动，针对的是视障学生。该活动通过主题参观和触摸文物的形式，引导孩子们在博物馆内近距离地感受文物，完成与博物馆的"第一次亲密接触"。活动流程是：

（1）主题参观。博物馆宣讲老师用形象生动的语言为孩子们提供讲解，着重介绍展品的形状、釉色、纹饰，还引导孩子们比画出展品某一部位的样子，让他们在看不到的情况下想象器物的模样和颜色。

（2）触摸铁炮。博物馆院内陈列着十多门元明清三代的铁炮，我们把每一个参与活动的孩子与一位济宁市职业技术学院的年轻的志愿者分为一组，每组分别去触摸不同的铁炮。

开心地触摸铁炮

3. 同在蓝天下——2015年中国文化遗产日"拓碑体验活动"，针对的是所有特殊学校的学生。活动流程是：

十三中学生表演舞台剧

（1）文艺联欢。特殊学生和来自济宁市十三中的优秀学生分别进行文艺表演，节目包括舞台剧、太极剑表演、经典诵读、葫芦丝独奏等。

（2）拓碑体验。汉代碑刻是博物馆馆藏资源的一大亮点。为了让这群特殊的孩子体验碑刻拓印的过程，博物馆特意准备了摹刻石碑、拓印工具，然后把普通学生、志愿者和特殊孩子分成体验小组。体验流程是：① 博物馆拓印老师现场实物讲解拓片及相关知识；② 现场演示拓片制作过程；③ 指导学生体验拓片制作流程。

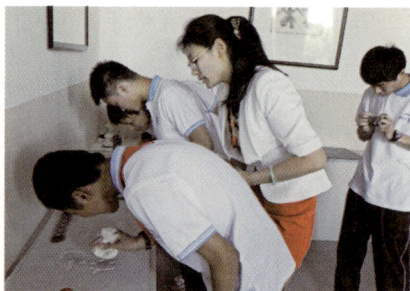

拓碑体验

（3）学写毛笔字。汉字书写是国人传承下来的优秀传统，设计"学写毛笔字"这一教育活动突出了"信心"和"温暖"两个方面，让参与活动的学生体验到"我也能写毛笔字"的快乐。

学写毛笔字

4.2016年6月，济宁市博物馆首创全国博物馆社教品牌——分众化盲文特殊教育活动项目，即博物馆与特殊教育学校共同编写了《孔孟之乡 运河之都传统文化博物馆教育实践课程》。这套教材包括一册大字试用版和一册盲

大字试用版教材封面

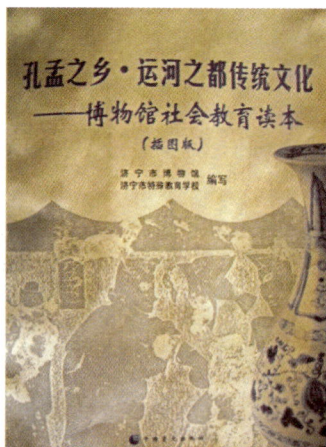

盲文插图版教材封面

盲文插图版教材内页示例

文插图版，课程内容以博物馆馆藏精品为依托，以特教学校多年的实践为基础，涵盖五个主题模块，分别是礼乐、饮食、人物、军事、地域文化，其中地域文化为自读模块。每个模块又细分为四个单元十二个知识点，包含课堂学习、课后拓展和课后实践三个部分，由浅入深地对主题进行了阐述，真正把博物馆"搬进"了特教学校的课堂。

比如，第一模块"礼乐"，从传说中的图腾崇拜讲起，把千百年来国人喜爱的龙图腾用简单生动的语言叙述出来，再讲孩子们喜闻乐见的六艺，让他们了解古时的学生学习的课程，并利用课外拓展体验"拱手礼"，还讲到商周时期的用鼎制度，引导孩子们体会奴隶社会时期的等级观念。每个模块还设计制作了影像资料，既照顾了弱视学生，也兼顾了视障学生。在老师的提议下，我们把挑选的图片设计成简笔画，勾勒出器物的造型及简单纹饰。孩子们可以通过触摸的方式知道原来龙是这样的、古代人的书是这样的等。

2016年9月7日，新学年开学的第一天，济宁市特殊教育学校三年级的学生们成为这套教材的首批受益者。老师绘声绘色的语言、视障孩子的"手读"，打开了学生想象的窗口，激发了同学们的参与热情。之后，为了让视障孩子更好地认知文物，博物馆

校本教材开课，学生们学习"拱手礼"

宣教人员还把竹制的书简送到课堂上让孩子们触摸。通过触摸，孩子们了解了古代书卷的材质；通过听老师讲课，孩子们了解了古代书卷的制作方法；通过亲身体验"拱手礼"，还感受到了汉代的行礼方式以及中国传统礼节的文明与进步。

这套教材的编撰和应用，只是我们的初次尝试，但开创了博物馆校本教材编写的先河，在国内具有一定的创新性和引领性。

10

"非物质文化遗产暨泰山石敢当文化"进校园活动

泰安市泰山石敢当博物馆

一、活动主题

（一）活动背景

泰山石敢当文化影响深远，传播广泛。2006年5月，泰山石敢当习俗被国务院列入中国首批非物质文化遗产名录，流传了上千年的民间信仰习俗受到了国家的保护。

2013年，泰安市教育局、泰安市文广新局联合下发了泰教发【2013】41号文《关于在全市中小学组织开展优秀非物质文化遗产进校园的通知》，要求教育部门及社会各界积极引领青少年学生传承中华优秀文化，弘扬民族精神。2015年"两会"期间，李克强总理在山东代表团提出，山东应勇做泰山石敢当，努力攻坚克难，在改革发展上为全国积累经验、提供借鉴。

博物馆同学校举办校园首届"泰山石敢当文化节"

正是在这种背景下，为了弘扬优秀传统文化、保护好泰山石敢当这一宝贵的非物质文化遗产，泰安市泰山石敢当博物馆和泰安市泰山石敢当研究院决定联合山东省泰安迎春学校共同开展"非物质文化遗产暨泰山石敢当文化"进校园、进课堂活动。

（二）活动宗旨及意义

活动宗旨是：坚持育人为本，推进素质教育，引导青少年学生学习中华优秀传统文化暨泰山石敢当文化，进一步传承和弘扬泰山石敢当文化，保护这一珍贵的非物质文化遗产。通过参与丰富多彩的艺术活动，学生们提高了艺术修养和人文素养，培养了热爱家乡、热爱祖国的情感，增强了民族自信心和责任感。

为开展好泰山石敢当文化进校园活动，课堂上由通过培训的专业教师与学生互动，穿插结合教具讲故事等辅助手段，学生们从中领悟到传统文化的精髓，感知到泰山石敢当文化的魅力。

二、活动组织

（一）组织单位

项目主导：泰安市泰山石敢当博物馆、泰安市泰山石敢当研究院。

参与学校：山东省泰安迎春学校、泰安市岱岳实验中学、高新区凤凰学校、泰安一中高新区分校等。

（二）活动宣传途径

本项活动由泰安市泰山石敢当博物馆、泰安市泰山石敢当研究院发起组织，联合学校共同开展"非物质文化遗产暨泰山石敢当文化"进校园、进课堂活动，并组织编写教材，培训讲课教师。

学校负责课时安排、选择班级，并于前期向班级老师布置相关工作。

为了更好地在泰安市普及泰山石敢当文化，示范讲课前，博物馆和泰山区教育局、岱岳区教育局、高新区教育局协调沟通，在三个区选择了十所中学、十所小学，由学校安排专职教师听示范课，参加教学研究。待大家对校本课程认可后，在全市全面推开教学活动。

泰山石敢当文化走进山东省泰安一中高新区分校

高新区凤凰小学教师正在上泰山石敢当文化课

三、参与对象

在校初中生和小学生。

四、活动时间

活动时间由泰安市泰山石敢当博物馆与学校沟通，按照学校正常的教学要求进行安排。计划一个学年学完整册《泰山石敢当》（初中版和小学版）。整个项目将实行常态化，成熟后向全市推广。

五、活动内容

（一）活动目标

通过参加本次活动，参与者要达到的目标包括认知目标、能力发展目标、情感培养目标等。具体内容如下：

1. 认知目标

理解非物质文化遗产的内涵，了解泰山石敢当习俗是国务院公布的中国首批非物质文化遗产。

了解泰山石敢当习俗的特点、经历的演变过程、国内外的分布、不同的形制、各种民间传说故事等，同时认识到学习泰山石敢当文化对于弘扬泰山文化的意义等，丰富学生校园文化生活，逐步培养学生的责任意识、担当意识、公共意识、合作意识和安全意识。

2. 能力发展目标

在教师的引导下，同学们绘制自己心目中的石敢当，开发绘画能力；辅以手工剪纸，增强同学们的动手能力；利用"石敢当大战野狼精"皮影教具，增强同学们的直观感受，引导他们学习皮影的制作；通过诵读引导同学们在了解故事情节的基础上加深记忆。

3. 情感培养目标

传说中，泰山石敢当是一位降妖驱魔的民间英雄，在民间有着广泛的群众基础。通过编排情景剧，引导同学们参与其中，体悟泰山石敢当文化的内涵，获得精神共鸣，增强正义感，争做有担当、有责任的当代少年。

（二）活动准备

1. 了解活动背景

拨开千年迷雾，寻觅泰山石敢当的历史脉络，我们首先要从石头说起。在传统文化中，石头是灵性、智慧、坚定意志的象征，成语"精诚所至，金石为开""石破天惊""坚如磐石"等，就是这种意义的文字表达。石得天地灵气，蕴于山水之间，构成了人类和其他一切生物生活的"舞台"。在人类的发展过程中，石头始终是文化的载体和传播者。从旧石器时代以天然石充当简易的工具，到新石器时代的石斧、石刀的磨制，再到原始社会后期的石器功用的多样化，可以说，石头见证了人类文明的传承进步。

泰山石敢当信仰习俗流布很广。人们以石（石碑）刻"泰山石敢当"五字，立于路口、客厅等处，用以避凶、挡煞或镇宅。"石敢当"一词在汉代就已经出现。唐代时，"石敢当"三字已经写在石头上，作为镇宅之物而使用。

宋金时期，"泰山石敢当"一词出现。明清时期，在住宅或村落周边设置"石敢当"或"泰山石敢当"的习俗已经遍布大江南北，并传播到海外。现在，仅在日本冲绳就有"泰山石敢当"一万余块，在我国的香港、澳门、台湾地区以及东南亚、欧洲等地均有众多发现，可以说有华人居住的地方就有"泰山石敢当"。通过考察泰山石敢当文化的发展过程和国内外的分布情况，我们发现，泰山石敢当习俗从最初的"石敢当"到"泰山石敢当"进而又演变为"太公在此""石将军""石大夫""风狮爷"等各种变异形态，发展脉络比较清晰。民间流传有"石敢当，镇百鬼，压灾殃，官吏福，百姓康，风教盛，礼乐昌"的歌谣。

毕爽老师在上课

2. 制作PPT课件

3. 准备教材、教具

上课前，准备视频《石敢当之雄峙天东》、音乐（《哪吒传奇》片头、片尾曲）、剪纸、皮影、笔墨纸张、锣、鼓、香、灯、钟、锤头等。

（三）活动步骤

1. 确定活动主题，成立工作小组，确定参与班级

（1）泰安市泰山石敢当博物馆依托自身教育资源制订活动计划，确定联合开展泰山石敢当文化教育的学校。一期确定了山东省泰安迎春学校，确定活动主题"物质文化遗产暨泰山石敢当文化进校园"。

（2）校方确定讲课班级。学

泰山石敢当博物馆迎春学校分馆的老师在讲解

校根据自身教学特点和班级情况，具体确定参与教学试点的班级及人数并报工作小组审核备案。

2. 确定讲课教师，编写教案（含PPT），讲课

泰安市泰山石敢当博物馆根据自身教育资源及培训的师资情况确定讲课老师，交代讲课事项，要求讲课教师及时编写教案并授课。

3. 教学评估

博物馆同学校共同组织现场观摩，除工作小组成员和参与学校拟培训的教师参与外，还邀请社会知名教师参与。观摩后进行教学研讨与评估。

（四）活动实施

1. 导入

今天李老师给大家带来一位新朋友，说是新朋友是因为他第一次在课堂上和大家见面，其实他是我们的老朋友。

（出示课件，引导同学们讨论为什么说他是大家的老朋友）

是呀，他不辞辛苦日夜守卫着人们的家园。他就是大名鼎鼎的泰山石敢当——泰山平安文化的使者！

在我们的家乡泰安，关于泰山石敢当除妖、镇邪、治病、保平安的传说故事有很多。今天我们一起读读《泰山石敢当设计除妖》的故事，大家喜欢吗？

（读故事，讲故事）

小组推举的代表讲故事，老师评价后提问：我们的老朋友有什么特点？学生评价，教师板书，比如勇敢、奉献、机智等。

2. 演故事

分角色（教师引导）：大家喜欢这个故事吗？喜欢我们的英雄石敢当吗？让我们一起演一演吧。

确定角色：侯老汉、侯家女儿、石敢当、妖怪、童男童女、东北人、福

博物馆特聘专家指
导幼儿园的小朋友
排练石敢当民谣

建人、石匠。

　　出示道具：锣、鼓、香、灯、钟、锤头等。

　　朗读：选择一人朗读并做舞台提示。

　　准备工作：准备自己的台词和动作。

　　选定音乐。

　　配乐演出。

3. 拓展

　　教师引导：经过同学们的精彩再现，石敢当的英雄形象更加生动感人了。现在石敢当就站在我们面前，请同学们把此时此刻最想说的一句话送给我们的除妖英雄吧！

六、安全预案

　　本项活动开展前，博物馆制订了一套完备的应急预案，包括学生参观博物馆和在课堂上的注意事项。一旦发生险情，能够迅速采取有效的措施，妥善处理并最大限度地减少其危害和影响。

　　1. 设立博物馆突发事件应急指挥部，馆长同参展学校校长（或分管校长）担任主任，副馆长（或副校长）、安保部人员等为指挥部成员。

2. 预防为主。博物馆在学生参展前向其发放《安全手册》，普及《中华人民共和国文物保护法》，提高学生保护文物的意识和安全意识，告知其不要触碰展品、电气线路等。现场讲解人员还要注意学生的行为。参展学生应注意个人卫生，尽量不要带病参展。

3. 依法管理，快速反应。认真做好博物馆突发事件的预防及应急处置工作。严格执行国家有关法律法规，建立预警和处置快速反应机制。一旦发生突发事件，立即进入应急状态，启动各级预案，在主管部门统一领导下，果断采取措施，在最短时间内控制事态，将危害与损失降到最低程度。

如活动在学校开展，遵循学校现有安全防范措施及课堂应注意的安全事项，落实现场防火、刀具管理等措施。

4. 预警信息评估。事后，博物馆和学校应对本项活动的预警信息进行全面评估，写出总结材料，并及时调整防范措施。

11

荣成博物馆"永怀讲堂"

荣成博物馆

一、活动主题

（一）活动背景

郭永怀事迹陈列馆是2016年由荣成市委市府联合郭永怀生前工作过的四个主要单位——中科院力学所、中物院（核研究院）、中科大和29基地共同建设的。展馆投资1100万元，展示面积2000平方米。该陈列馆全面展示了荣成籍"两弹一星"功勋科学家郭永怀无私奉献、以身许国的家国情怀和大师风范。他是23位"两弹一星"元勋中唯一的一位山东人，也是唯一一位在核弹、导弹和卫星三个领域都做出突出贡献的科学家，还是23位"两弹一星"元勋中唯一一位因公牺牲的烈士。展览于2016年10月16日开幕后，在社会上迅速掀起了参观热潮，得到了各级领导和观众的高度赞扬。郭永怀事迹陈列馆先后被列为全国军工文化教育基地、山东省国防教育基地、山东省党员教育基地。

"永怀讲堂"通过开展系列教育活动，力图让青少年主动走进博物馆，让博物馆成为青少年成长的

"永怀讲堂"第一期活动现场

"第二课堂"，最终让走进博物馆成为新一代市民的生活习惯。

（二）活动宗旨及意义

为了加强对广大青少年的红色教育和爱国主义教育、在青少年中弘扬郭永怀同志的家国情怀，荣成博物馆开办了"永怀讲堂"，针对在校学生开展系列教育活动。教育活动的目标人群就是在校的中小学生。通过讲堂，青少年一方面了解我国"两弹一星"事业的艰难发展历程，弘扬"两弹一星"精神；另一方面学习郭永怀以身许国的家国情怀，培养并践行爱国主义精神。

二、活动组织

（一）组织单位

荣成博物馆。

（二）活动宣传途径

通过博物馆官网及公共微信平台进行推广。

三、参与对象

在校中小学生。

四、活动时间

每季度邀请院士、教授级别的科学家来荣成授课一次，每月为学生现场授课一次，单次活动持续时间为半天。

五、活动内容

（一）活动准备

1. 授课人的选定。邀请中科院、中物院、中科大等单位的教授级专家来荣成现场授课。主要以郭永怀、李佩夫妇的学生为邀请对象。2016年邀请的是郭永怀同志的学生、中科院院士胡文瑞先生和上海大学终身教授、博导戴世强先生。

2. 时间选定。每季度邀请科学家授课一次，授课时间分别为郭永怀诞辰、郭永怀牺牲纪念日和我国第一颗原子弹、第一颗氢弹爆炸成功纪念日等有特殊意义的日子。

3. 参与者的选定。主要是荣成市区范围内的中小学生。作为学校的德育教育基地，师生们定期来馆参观学习。

4. 授课内容的确定。授课内容主要包括两个方面：一是以郭永怀、钱学森、邓稼先、王淦昌等科学家为代表的"两弹一星"元勋为我国的"两弹一星"事业无私奉献、以身许国的感人事迹；二是航空航天科普知识，主要以当代航空航天发展成就为主。

5. 经费保障。由于展馆产生的巨大社会影响力和郭永怀在科学界的崇高地位，所有授课科学家都分文不取。与全市最大的志愿者服务组织引航爱心志愿者协会合作，每次讲堂主要由志愿者参与服务。所需其他经费由市政府全额拨付。

（二）活动步骤

1. 2016年10月16日，在纪念我国第一颗原子弹爆炸成功52周年之际，郭永怀事迹陈列馆正式对外开放。开馆当天，郭永怀同志的学生、中科院院士胡文瑞先生受邀做了题为《太空科学》的专题演讲。胡院士讲述了郭永怀为我国航空航天事业做出巨大贡献的感人事迹以及我国航空航天事业的发展现状。

2. 2016年12月5日是纪念郭永怀牺牲48周年纪念日，永怀讲堂隆重开讲。郭永怀的学生、上海大学终身教授、博士生导师戴世强先生主讲了《永怀精神永放光芒》。戴先生以郭永怀人生轨迹为主线，讲述了他无私奉献、以身许国的家国情怀和大师风范。

3. 配合"永怀讲堂"开展系列活动，扩大郭永怀事迹陈列馆和"永怀讲堂"的社会影响力。主要活动有：举办郭永怀精神研讨会、永怀精神演讲征文比赛，设立"永怀教育奖"，举办以永怀精神为主题的少先队主题队日活动等。

胡文瑞院士做报告

戴世强院士做报告

（三）活动实施

1. 邀请郭永怀同志的学生、中科院院士胡文瑞先生做了题为《太空科学》的专题演讲；邀请郭永怀同志的学生、上海大学终身教授、博士生导师戴世强院士做了题为《永怀精神永放光芒》的专题演讲。他们分别介绍了郭永怀同志的感人事迹，再现了他从普通农家子弟成长为杰出科学家的奋斗历程，颂扬了他爱国敬业、倾情奉献的高尚品德，无私无畏的崇高精神，求真务实的严谨作风，激励广大学子热爱祖国、无私奉献、奋力进取、勇于攀登。

2. 组织青少年入馆参观，深化其对永怀精神的理解感悟，培养他们的家园情怀和无私奉献的精神。

组织青少年入馆参观

《家国情怀　大师风范》郭永怀画册首发
暨"永远的怀念"征文比赛颁奖仪式

深切缅怀郭永怀先生

3. 举办《家国情怀　大师风范》郭永怀画册首发暨"永远的怀念"征文比赛颁奖仪式。

4. 选定具有特殊意义的日子深切缅怀郭永怀先生。

12

陶艺课堂

日照黑陶邢文化博物馆

一、活动主题

（一）活动背景

黑陶作为大汶口文化、龙山文化典型器物，传承着民族文化的血脉。日照黑陶技艺在4500年前达到鼎盛，典型代表器物蛋壳黑陶高柄杯"黑如漆，薄如纸，硬如瓷，明如镜，声如磬"，被誉为"原始文化的瑰宝"。

（二）活动宗旨及意义

自2016年3月起，日照黑陶邢文化博物馆面向社会各界开展"陶艺课堂"系列活动，主要针对中小学生，旨在通过组织参观博物馆、体验黑陶烧制流程等活动，陶冶青少年的艺术修养，普及陶器知识，宣传黑陶文化，传承古老技艺。

二、活动组织

（一）组织单位

日照黑陶邢文化博物馆。

（二）活动宣传途径

活动结束后，在日照黑陶邢文化博物馆微信平台发布了活动动态，日照电视台公共频道《阳光地带》栏目对课堂活动进行了专题报道。

三、参与对象

主要为中小学生，年龄在8—15岁之间。

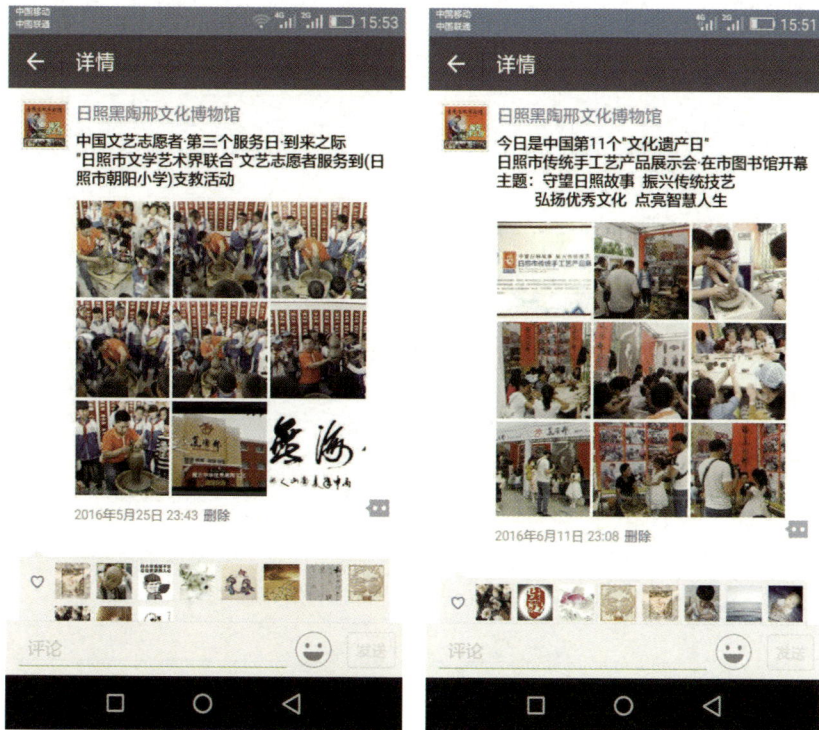

博物馆微信平台发布的活动动态

四、活动时间

一周2—6次，单次活动时间约3小时。活动主要在周六、周日及假期或学校文体课时间进行。

五、活动内容

（一）活动类别

体验类。

（二）活动目标

通过参观博物馆，体验一道道神奇的制作工序，广大青少年能充分感受中国传统艺术的魅力，发展感知力、观察力、创造力，提高动手能力。

（三）活动准备

意向群体提前一个月联系博物馆，预约参观时间，双方做好沟通协调工作。

（四）活动步骤

活动于上午9点或下午1∶30开始，约3小时。

1. 参观博物馆，了解黑陶发展史。

2. 博物馆工作人员现场演示黑陶器物的制作过程。

3. 孩子们在有关技术人员的指导下亲自动手制作黑陶，素烧黑陶作品一件。

4. 对孩子们的作品进行评比，选出5件优秀作品，由博物馆进行奖励。

山东小记者日照分团成员学习黑陶制作工艺

日照小脚丫俱乐部学生参加活动

日照市朝阳小学学生参加活动

日照外国语小学一年级阳光一班同学们在博物
馆里参加体验活动

陶艺课堂进校园

六、安全预案

每次活动前做好安全防范工作，检查消防设备，做好安全预案，与活动团体负责人一起共同做好参观学生的安全工作。

13

带着家乡的历史上大学
——"今年我毕业"暑期公益实践活动

临沂市博物馆

一、活动主题

（一）活动背景

临沂历史悠久，是中华文明的重要发祥地之一。早在四五十万年以前，人类的祖先就在这块土地上创造了远古文明。东汉时期，这里是琅琊国国都，创造了辉煌灿烂的汉晋文化。临沂东夷文化、汉晋文明、画像石艺术、红色革命遗产等在全省乃至全国都具有重要的历史价值。

博物馆是一个城市乃至一个国家、一个民族的文化元素最为集中的场所，它保藏着人类最为珍贵、最为优秀的文化遗产，蕴含着无穷的人类智慧和精神力量。为深入贯彻落实习近平总书记关于传承和弘扬中华优秀传统文化系列重要论述的精神和《博物馆条例》，宣传展示我市优秀历史文化，让更多的学生了解家乡，热爱家乡，提升文化自觉，增强文化自信，自觉保护文化遗产，做家乡文化的宣传者，临沂市博物馆自2013年起，以准大学生"带着家乡的历史上大学"为切入点，启动了"今年我毕业"大型暑期公益实践活动。

（二）活动宗旨及意义

活动旨在充分发挥博物馆教育所具有的独特的、不可替代的资源优势，通过开展文博讲堂、艺术实践、文化之旅、志愿服务等活动，为青少年搭建一个展示自我、参与社会的平台，丰富准大学生的知识和阅历，提升其综合素质，传递爱心，传播文明，使其能够以更开阔的思路和视野开启新的人生旅程，自觉保护文化遗产，自觉做家乡文化的宣传使者。

博物馆拥有的社会历史、自然生态、艺术研究、科学技术、民族文化等丰富内容，对青少年人文、科学知识的积累和思辨能力的提高发挥着重要作用。利用博物馆开展传统文化教育，对引导青少年增强民族文化自信、自觉践行社会主义核心价值观、进一步扩大临沂文化的传播力和影响力具有重要意义。

"今年我毕业"暑期公益实践活动启动仪式

二、活动组织

（一）组织单位

临沂市博物馆、临沂第一中学。

（二）活动宣传途径

1. 海报宣传：在临沂市博物馆、市区各中学张贴宣传海报。

2. 媒体宣传：利用临沂市博物馆官方网站、官方微信、微博等及时发布活动招募、开班、课程等信息，临沂市广播电视台及《临沂日报》《沂蒙晚报》《鲁南商报》等多家媒体对活动进行宣传报道。

《临沂日报》对"今年我毕业"暑期公益实践活动的报道

齐鲁网对"今年我毕业"暑期公益实践活动的报道

三、参与对象

与临沂第一中学合作招募、选拔学员，同时面向全市高中毕业的准大学生进行招募。

四、活动时间

自2013年以来，每年暑假举办1期，活动时间为7—8月，每期活动约为20天。

五、活动内容

（一）活动目标

深入贯彻落实习近平总书记关于传承和弘扬中华优秀传统文化系列重要

论述的精神和《博物馆条例》，充分发挥博物馆的社会教育和公共文化服务职能，宣传和推介临沂优秀历史文化，以准大学生"带着家乡的历史上大学"为主题，让学生们通过一系列课程的培训，提高对家乡历史文化的认识，提升自身综合素质，积累更多的社会经验，在实践中受教育、长才干、做贡献，把博物馆的社会教育职能引入校园，让更多的学子积极投身于宣传和弘扬家乡历史文化的活动中，同时提高博物馆的知名度和美誉度。

（二）活动准备

临沂市博物馆与临沂第一中学合作招募、选拔学员，邀请文博、书法、篆刻、工艺美术等方面的专家学者，开设临沂历史文化、田野考古、展厅讲

学员参观展厅

考古知识讲座

学员学习讲解的基本技巧与态势语言

学员走进临沂广播电视台"932"财富广播直播间

茶艺体验

学员体验传统拓片

解、书法、国画、茶艺、插花、礼仪等课程，开展寻访历史遗迹、探寻传统村落、参观临沂市特色博物馆、志愿讲解、"流动博物馆"进校园等活动。在学习培训的过程中，组织学员将所见、所闻、所感用文字、绘画、摄影等形式记录下来，结业时举办成果展。同时，临沂市博物馆的志愿者还与准大学生一起，传播文化，服务社会，并通过微信、网络、电台等形式让博物馆的文化传播之路走得更远。

（三）活动实施

1. 活动流程

（1）制订详细的活动策划方案、安全预案，完善活动形式与内容。

（2）制作宣传海报，印制活动T恤，采购活动耗材等。

（3）聘请授课专家和老师，联系活动场地，确定课程内容等。

（4）公开发布招募信息，并通过面试的形式与学校共同选拔学员，同时招募志愿者。

（5）筹备"开学典礼"。

2. 活动内容

（1）文博讲堂：聘请临沂市文博专家，通过多媒体讲座、展厅体验等形式，讲授家乡历史及文博专业知识，如临沂历史文化、文物鉴赏、田野考古、传统文化等。

（2）艺术实践：聘请专业老师，带领学员了解、体验传统技艺，制作属于自己的作品，如篆刻、拓片、花艺、陶艺、剪纸等。

（3）文化之旅：寻访革命遗址、历史遗迹，探寻传统村落，参观临沂市特色博物馆。在游学的过程中，培养学员的文化遗产保护意识，组织学员将所见、所闻、所感用文字、绘画、摄影等形式记录下来，结业时举办成果展。

（4）公益行动：博物馆志愿者与准大学生一起，传播文化，服务社会，并通过各类媒体让文化传播之路走得更远，如"流动博物馆"进校园和社区、博物馆"文化使者"宣传活动、"文博之友"团队建设。

3. 活动总结

举办"今年我毕业"学员毕业典礼，通过展厅讲解、成果展、活动回顾、诗歌创作等形式，展示学习成果，抒发对家乡的情感。

六、安全预案

为使"今年我毕业"暑期公益活动顺利开展，确保师生人身安全、博物馆财产安全，临沂市博物馆制订了《"今年我毕业"暑期公益活动安全预案》，成立了安全紧急情况处置领导小组。领导小组组长由临沂市博物馆领导担任，小组下设安全应急预案工作办公室，办公室设在保卫科，负责日常安全工作。

14

运河文化小志愿者

聊城中国运河文化博物馆

一、活动主题

    长期以来，聊城中国运河文化博物馆致力于小志愿者团队建设及志愿活动的开展。博物馆开展小志愿者活动，不仅为广大中小学生提供了一个展示和提升自我的平台，而且推动了博物馆事业的发展及和谐社会的建设。

    通过小志愿者的讲解，源远流长的运河文化和光辉灿烂的悠久历史得到了更为广泛的传播，更多的人了解了运河和聊城。志愿活动的开展，营造了良好的志愿服务氛围，有力地促进了志愿服务理念的普及，形成了良好的社会示范效应。如今，小志愿者已经成为运河博物馆一道亮丽的风景。

二、活动组织

（一）组织单位

聊城中国运河文化博物馆。

（二）活动宣传途径

1. 海报宣传：制作精美的海报，在城区小学的宣传栏、公共场所以及各住宅小区宣传栏内张贴。

2. 网站宣传：在博物馆网站及聊城市文广新局网站公布相关活动信息。

3. 媒体宣传：在《聊城晚报》《齐鲁晚报》《聊城日报》以及电视台、微

聊城电视台对小志愿者的工作进行宣传报道

《齐鲁晚报》对"小志愿者讲解大赛"的报道

信、微博等媒体上做相关宣传。

4. 通过广场LED电子屏幕滚动播出活动信息。

三、参与对象

以7—14岁的小学生为主。

四、活动时间

小志愿者的培训时间为每年的暑假，一般培训持续15天左右；讲解服务时间为每周周末及寒暑假假期。

五、活动内容

（一）活动目标

了解运河文化和聊城历史的相关知识；培养讲解、撰写讲解词的能力，使参与的志愿者能够达到为广大观众进行讲解服务的水平；增强小志愿者开展志愿工作、奉献社会的服务意识。

（二）活动准备

召开馆领导班子会议，明确活动分工与职责；宣教部负责编写培训教案、联系参观学习单位；综合部负责馆内培训场地和培训用具的准备；安保部负责安全保障工作。

（三）活动步骤

活动整体分为小志愿者培训学习与小志愿者公益讲解两部分。

1. 小志愿者培训学习部分实施步骤为：宣传招生、开班报到、培训学习、撰写讲解词、现场观摩、培训闭幕式、颁发结业证书。

2. 小志愿者公益讲解部分实施步骤为：开馆时间签到、开展讲解服务、总结出现的问题并提出解决办法。

"聊城市首届小讲解员比赛"在博物馆学术报告厅举行

第一期"小志愿者培训班"在博物馆青少年活动室开班

博物馆宣教部工作人员为小志愿者传授讲解业务知识并进行志愿者服务精神教育

第一期"运河文化小志愿者"培训结业合影

第二期"运河文化小志愿者"培训结业合影

聊城市东关民族小学全体小志愿者向博物馆赠送锦旗

博物馆小志愿者走上"小讲解员"工作岗位，开始志愿服务

小志愿者为观众义务讲解

六、安全预案

1. 培训期间，小志愿者不能单独外出活动，如有特殊情况必须向带队老师汇报。

2. 外出参观学习期间由专人带队，严肃出行纪律，不得擅自离队。

3. 培训及志愿者服务期间，博物馆保安加强展厅巡逻，发现可疑情况及时解决，确保安全。

15

红色文化校园行

郓城传递红色文化博物馆

一、活动主题

（一）活动背景

2015年是世界反法西斯战争暨中国抗日战争胜利70周年。70年前的抗日战争，正义战胜了邪恶，中国人民取得了战争的伟大胜利。面对凶残的日本侵略者，不甘屈辱的中国人民，同仇敌忾，共赴国难，用血肉之躯英勇抗击，气壮山河，可歌可泣。历史的记忆留下了悲壮的回声，至今中国人民的心中还在流血！然而，作为侵略战争的发起国和战败国的日本，其右翼势力至今不仅不反思历史，反而刻意篡改和美化那段不光彩的历史，企图复活日本军国主义。对此，我们必须高度警惕，也必须加强对国人特别是青少年的历史宣传和教育，以牢记那段屈辱的历史，防止历史悲剧重演。

（二）活动宗旨及意义

记述和再现抗战历史，认清日本法西斯当年犯下的滔天罪行，歌颂中国军民浴血抗战、英勇不屈的民族主义、英雄主义精神。通过宣传教育，广大青少年学生认识到，抗战的胜利是先烈们用生命

举行"九一八"纪念日抗战宣传活动

和鲜血换来的，我们要倍加珍惜，要时刻牢记那段屈辱的历史，防止历史悲剧重演。当前，日本右翼势力活动猖獗，对青少年加强抗战宣传教育尤为重要，特别是通过对鲁西南人民英勇抗战事迹的大力宣传，青少年学生能学到平时课本上难以学到的内容，从心灵深处受到教育，进而珍惜当前的和平环境，牢记历史，勿忘国耻，展望和开创未来。

二、活动组织

（一）组织单位

郓城传递红色文化博物馆。

（二）活动宣传途径

1. 扩展展厅，增设展柜、展台，展示抗战文物。

2. 巡回宣传。

（1）制作宣传展板。

（2）制作多媒体课件，利用高科技手段大信息量呈现宣传内容。

（3）放映抗战题材的电影。

（4）配备巡回流动宣传车及多媒体投影设备、放映机、发电机、各种道具等。

三、参与对象

以青少年学生为主，另有部分社区群众。

四、活动内容

（一）展厅宣传

针对纪念中国抗日战争暨世界反法西斯战争胜利70周年活动的要求，我馆增设抗击日本法西斯主题展览，搜集整理抗战文物、幸存者口述、战争遗存等史料并布展，以扩大宣传教育效果。从2015年5月份开始展览，一直持续到年底。

（二）流动巡回宣传

宣传展览教育进学校、进乡村、进社区、进企业，力争全覆盖，全面营造宣传氛围，扩大宣传效果。

举行红军长征胜利80周年纪念活动

（三）举办大型纪念活动

2015年12月13日，南京大屠杀死难者国家公祭日，上午9点，我们在唐塔广场举办大型纪念活动，当地机关、企业、

红色文化校园行

国家公祭日纪念活动在唐塔广场举行

纪念建党95周年联合巡展

毛泽东诞辰纪念日红色文化笔会

毛泽东诞辰纪念日红色文化展

学校等单位一万余人参加，规模空前，声势浩大。我们还举办了纪念建党95周年联合巡展、毛泽东诞辰日红色文化展等活动，均取得了较好的宣传教育效果。

（四）人物专访

我们对郓城县老领导、老革命及战争亲历者进行了专访，采集了相应的口述、笔迹、遗存、影像资料。

我们还将"浴血抗战鲁西南"作为宣传教育展览的重点。通过对鲁西南及郓城县典型生动的英勇抗战事迹的宣传，众多青少年观众学到了书本上学不到的知识，了解了本地的抗日战争历史，从心灵深处受到震撼和教育。